Der kleine Kaukasus

D1730177

Andreas Rebers

Der kleine Kaukasus

Heimatgeschichten

Inhalt

Wohin wollen Sie?   11

The Village   15

Das Haus   27

Schlesier und Bremer   35

Große Dummheiten   49

Gefühle finden   59

Milchreis   65

Kleine Verbrechen   73

Weihnachten   83

Dr. Bunnemann   95

Sommerferien   107

Zu viel Phantasie   115

Die Luftschlacht um England   125

Kinderlandverschickung 131

Unterwegs 141

Rüben-Blues 147

Die Ente 153

Die Schöpfung 165

Das Schwein ist tot 171

Das Auto 181

Onkel Berti 189

Musik liegt in der Luft 203

Das Debüt der Los Promillos 215

Biermann, der Walzerkönig 223

Ostverwandtschaft 227

Wurst und Heimat 231

Das Protest-Akkordeon 235

Firmenphilosophie 243

Student 40   247

Alle gingen   253

Schlaues zum Schluss   267

Für meine Familie

Wohin wollen Sie?

Ich heiße Andreas Rebers und komme aus Westerbrak. Das liegt westlich von Kirchbrak, und östlich von Kirchbrak liegt Osterbrak. Und jetzt überlegen Sie sich mal, warum Kirchbrak Kirchbrak heißt?
Genau, wegen die Schule!
Ich gehöre zu den Menschen, die von dort weggegangen sind. Menschen, die irgendwo weggehen, jammern oft: »Ein Teil von mir wird immer dort bleiben, denn dort ist meine Heimat.«
Und ich sage: »Einen Teil von mir zurückzulassen, war mir viel zu wenig. Deshalb habe ich alles mitgenommen. Ich bin sozusagen meine eigene Heimat. Darum spiele ich auch Akkordeon. Onkel Bruno sagt immer, Akkordeon ist eine Heimat zum Mitnehmen.«
Die Chronologie des Lebens hat in meinem Dasein nie eine große Rolle gespielt. So wie ich im Heute bin, so bin ich auch im Gestern. Meine Geschichte ist mir stets zugegen, und fast drängt sich der Gedanke der Gleichzeitigkeit auf. Ich spüre ständig, wie sich die Gegenwart aus dem Augenblick entfernt und den Blick auf das Vergangene freimacht. Bei mir ist immer alles da. Und weil ich nicht weiß, warum, wurde mir neben dem Akkordeon auch die Ratlosigkeit zur Heimat.

*

Neulich fragte mich nach einer Vorstellung in Berlin ein Mann aus dem Publikum: »Herr Rebers, wo wollen Sie mit Ihrem merkwürdigen Humor eigentlich hin?«

Und ich antwortete ihm: »Dazu müsste ich Ihnen eigentlich zeigen, wo wir herkommen.«

Dann hieß es natürlich: »Wieso wir?«

»Na, mein Humor und ich.«

»Ach ja, und wo kommen Sie her?«

»Ich nenne es den kleinen Kaukasus«, erwiderte ich, woraufhin er nachhakte: »Ach ja? Und wo ist der?«

»Er steht vor Ihnen. Die Frage ist eben nicht nur wo, sondern auch wer? Ich sagte doch bereits, dass ich meine eigene Heimat bin.«

Da stutzte er wieder, und ich bot ihm an: »Ich schreib es auf, und wenn Sie interessiert sind, kommen Sie einfach mit, und dann schauen wir mal, wo wir hinwollen.«

*

Iwan Iwanowitsch ritt auf einem grauen Wolf.
War es kurz? War es lang?
Wir wissen es nicht. Schnell ist eine Geschichte erzählt.
Weniger schnell eine Tat vollbracht.

Und so ritt auch ich.

The Village

Mein Vater war ein kleiner, lustiger, dicker Mann, der irgendwann einen eigenen Betonmischer hatte. Im Zweiten Weltkrieg ist er in Russland in eine einschlagende Mörsergranate gelatscht. Einer der Granatsplitter landete in seinem Kopf und legte vorübergehend sein *brain* lahm. Die abgeschossenen Körperteile wurden im Feldlazarett wieder drangeflickt, und so kam er mit einem blauen Auge davon. Die Ostfront war somit für ihn erledigt, und er landete, nachdem er wieder fit für Volk und Führer war, im Magazin eines Internierungslagers der höchsten Sicherheitsstufe. Nach dem Stauffenberg-Attentat wurde der Laden der SS unterstellt, und Papa bekam eine dieser schicken Uniformen von Hugo Boss. Für die, die ihn später verhaftet haben, war damit klar, dass er nicht zu den Guten gehörte, obwohl er nicht wirklich bei den Bösen war. Als er aus der Gefangenschaft kam, lernte er Mama kennen.

Mama und ihre Familie sind am Ende des Krieges aus Schlesien vertrieben worden. Angesiedelt wurden sie von den Behörden dann bei mir zu Hause. Hier fanden sie eine neue Heimat. Nämlich meine. Mama stammte aus einer großen Familie und hatte viele starke Schwestern und Brüder, die einen ausgeprägten Familiensinn hatten und im weiteren Verlauf des Werkes »die Schlesier« genannt werden. Auch Papa entsprang einer großen Familie und hatte ebenso viele Geschwister. Sie kamen aus Bremen und heißen in diesem Buch einfach »die Bremer«.

*

Schlesier und Bremer sind sehr unterschiedlich. In mir und meinen Geschwistern hat sich das Blut dieser beiden großen Familien vermischt.

Wir waren fünf Kinder. Wobei ich 1990 erfahren habe, dass Papa schon einmal eine Familie hatte. Deren Mitglieder wohnten aber in der damaligen Ostzone und hatten für mein ursprüngliches Leben vorerst keine Bedeutung. Nur Halbruder Klaus hatte es rechtzeitig aus dem Osten in den Westen geschafft. Er hatte mit den Schlesiern genetisch nichts zu tun.

Meine Familie gestaltete sich also folgendermaßen: Am ältesten war Papa, dann Mama, dann Bruder Hans Günther, dann Bruder Jürgen, dann ich, dann Schwester Mausi, und die Jüngste war unsere Schwester Almuth. Manchmal wohnte auch noch Halbbruder Klaus mit seiner Frau Susi aus Finnland mit im Haus. Ihre Kinder waren meine Nichte Laila und mein Neffe Lasse. Ich war mit drei Jahren schon zweifacher Onkel. Wenn man in einem kleinen Haus zu elft ist, kann schnell Nervosität entstehen, weshalb dieses Buch auch ein Buch über Nervosität ist.

Nachdem die Finnen, wie Halbbruder Klaus' Familie genannt wurde, eine eigene Wohnung hatten, sind sie weggezogen. Vorher hatten sie aber noch aus Versehen unsere Wellensittiche freigelassen. Den Rest erledigte der Habicht.

Wir hatten ein Haus, das Papa mit seinem Betonmischer gebaut hat. Am Anfang war es wohl recht eng, und damit wir nicht zu nervös wurden, gab es bei Tisch eine strenge Sitzordnung. Es gab eine Eckbank mit einer kurzen und einer langen Seite, des Weiteren vier Stühle. Die Sitzordnung muss man sich wie folgt von links nach rechts um den Tisch herum vorstellen: Auf der kurzen Seite der Eckbank saß Mausi, auf der langen Seite der Eckbank saßen Jürgen und Günther. Dann begannen die Stühle. Am Kopf des Küchentischs saß Papa, links daneben ich, neben mir Almuth und auf dem vierten Stuhl saß Mama. Jeder hatte sein eigenes Becherlein und Tellerlein mit einer eigenen Farbe, und so fanden wir uns zurecht.

Das Haus hatte zwei Etagen. Unten wohnten wir und oben Mamas Schwester Tante Inge mit Tochter, Mann und dessen Mutter, Oma Weiß. Oma Weiß hatte zwei Freundinnen, Frau Braun und Frau Schwarz. Oma Weiß passte oft auf Mausi auf.

Ach ja, Mausi. Meine Schwester Mausi hieß eigentlich Angelika und war ein Kind mit Down-Syndrom. Sie war sehr ordentlich, freundlich und hatte eine direkte Verbindung zu Gott.

Sie liebte Musik über alles und verbrachte unzählige Stunden vor unserer Musiktruhe von Grundig, in der ein Plattenspieler integriert war. Mausi war ein großer DJ mit eigenwilliger Technik. Erst leckte sie die Lieblingsplatten mit ihrer langen Zunge ab und knallte sie dann

Unser Garten war das Paradies.

auf den *turntable*. Dann haute sie den Arm mit dem Ton-
abnehmer schnarrend auf die Scheiben von Heintje und
Heino und drehte auf! Sie konnte tausendmal dasselbe
Lied hören, dirigierte mit einem Teelöffelchen die Mu-
siktruhe und sang in der ihr eigenen Sprache laut mit.
Zwischendurch kaute sie auf den Plattencovern herum,
bis die Ecken weich wie Brei wurden, oder spielte mit ih-
nen Frisbee. Manchmal brachte ich Freunde mit, um ih-
nen zu zeigen, was wir für eine witzige Schwester hatten.
Man konnte viel Spaß mit ihr haben. Vor allem, wenn
man sie ärgerte. Manchmal zog ich den Stecker von der
Musiktruhe heraus oder knotete ihre Strumpfhose an den
Füßen zusammen und zog sie vom Plattenspieler weg.
Dann rutschte sie im Schneidersitz durch den Flur in die
Küche, wo Mama sie dann befreite.
»Was seid ihr nur für Kinder!«, schimpfte Mama und
meinte mich. Dann rutschte Mausi in den Garten und
redete mit Gott.
Grundsätzlich kann man sagen, dass meine Welt sehr über-
sichtlich war. Es gab nur eine Straße. Auf der einen Seite
war ein Feld, das bergauf ging. Auf der anderen Seite stan-
den aufgereiht wie auf einer Perlenschnur unsere Häuser.
Hinter den Häusern war wieder ein Feld, das bergab ging.
Dann kam ein kleiner Fluss und dann der Wald. Über den
Fluss gab es zwei Brücken. Eine für die Eisenbahn und eine
für Menschen und Schafe. Sie hießen deshalb Schäferbrü-
cke und Eisenbahnbrücke. Jedes Haus hatte einen großen
Garten, wo es auch Kinderarbeit gab. Die Erwachsenen
nannten es aber helfen. Ich habe so gut wie nie geholfen.

Westerbrak

Hier sieht man deutlich, dass Westerbrak ein vorbildlicher Ort des klaren Denkens und Benennens ist. Das Dorf verhält sich wie eine Asymptote und strebt von links nach rechts unentwegt gegen null, was bedeutet, dass es sich um ein Modell der Ewigkeit handelt. Hinter den Hügeln liegen die Ortschaften Breitenkamp und Heinrichshagen. Es waren die Orte ohne Wiederkehr, denn man musste auf demselben Weg zurück, auf dem man gekommen war. In Breitenkamp wohnte der Trichinenbeschauer, der die geschlachteten Schweine abstempelte, wenn sie frei von Schuld waren. Der Mensch fürchtet die Unreinheit.

*

Auch die Bewohner dieser Landschaft erfreuten sich einer klaren Begrifflichkeit. Es gab einen Mann, der Brünig hieß und eine große Treppe hatte. Er hieß Treppen-Brünig. Es gab einen Mann, der auch Brünig hieß, aber größer war als Treppen-Brünig. Deshalb hieß er der große Brünig. Dann gab es noch einen Brünig, der weder groß war noch eine Treppe hatte. Das war dann der kleine Brünig. In der Fußballmannschaft gab es einen Torwart, der dick war. Er hieß dicker Torwart. Der Friseur hieß Putzer, und Heinrich, der Betonbauer, hieß Beton-Heinrich. Ich kann mich sehr gut an ihn erinnern, da in den damaligen Zeiten viel betoniert wurde. Aber natürlich gab es auch andere Menschen.

Die anderen Menschen hießen:
Onkel Hermann
Tante Annerose
Onkel Heino
Tante Hanni
Onkel Kalle
Frau Wöhlsche
Herr Michael
Onkel Erwin
Tante Irmchen
Onkel Wilhelm
Tante Alide
noch ein Onkel Hermann
Tante Christel, Tante Gabi, Onkel Gustav
Fritzchen und Kunigunde
Heiner, Margret und Familie
Tante Christa

Onkel Otto
Tante Luzie
Oma
Opa
Tante Inge
Onkel Achim
Onkel Heinz,
Tante Ingrid
der alte Friedel
der junge Friedel
Frau Pape von der Post
Kinder und Tiere

In Kirchbrak wohnten die wichtigen Personen und die Infrastruktur:
der Pastor
der Lehrer
der andere Lehrer
eine Lehrerin
der Schlachter Onkel Willusch
der Schlachter Gruppe
das Geschäft von Engelkes
der Konsum
ein kleines Milchgeschäft
der Zahnarzt Dr. Kappe
das Feuerwehrhaus mit der Sirene
der Fußballplatz
der Sportverein
das Textilhaus Haller

das Gasthaus von Muskeluschi
und die Kirche
über allem aber thronte der Gutshof

Wenn man zum Arzt oder zur Apotheke wollte, musste
man nach Bodenwerder zu Dr. Bunnemann oder zu Dr.
Behrens nach Halle fahren. Das war dann schon ein bisschen weiter weg. Aber wenn man ins Krankenhaus sollte, musste man nach Holzminden fahren. Das war dann
noch weiter weg. Wobei fahren leichter gesagt als getan
ist. Eigentlich gab es nur die Isetta von Onkel Erwin und
später den Opel Kapitän von Onkel Achim. Ich übrigens
war nie gern weg.

Dann sollte ich noch erwähnen, dass es auch Besuch gab.
Besuch von nah und fern. Zu Besuch kamen:
die Bremer
die Wolfsburger
die Finnen
die Ostverwandtschaft
der Onkel Berti
und die Soldaten

Die Soldaten kamen aus:
Amerika
England
Irland
Schottland
und manchmal auch aus Deutschland

Genauer gesagt aus unserem Deutschland. Dem Westdeutschland, denn der Anlass ihrer Anwesenheit waren die großen Herbstmanöver, in denen man geübt hat, unser Land gegen die Ostdeutschen und Russen zu verteidigen. Dabei haben wir gern geholfen.

Die Herbstmanöver waren eine willkommene Abwechslung in unserem Leben, denn sie machten uns einerseits Mut und andererseits viel kaputt. Die Bauern freuten sich über die Flurschäden, die die Engländer mit ihren Kampfpanzern anrichteten, weil es anschließend Entschädigung gab.

Wir Kinder freuten uns über englische Schokolade und herumliegende Munition, mit der wir spielen konnten. Unsere Sprengungen und Brandstiftungen gingen in der Regel ganz gut aus. Es gab nur ein einziges Mal einen kleinen Zwischenfall, der zur Folge hatte, dass wir die einzigen eineiigen Zwillinge aus dem Nachbardorf nach dem Unfall besser voneinander unterscheiden konnten. Es war aber nichts wirklich Schlimmes.

In einem dieser Jahre richteten die Engländer oder Tommies, wie Onkel Willusch immer sagte, direkt neben unserem Haus einen Gefechtsstand ein. Papa lief zur Hochform auf und lud ein Dutzend Offiziere plus Major in unsere Küche ein. Es war eine Form der Wiedergutmachung, obwohl in diesem Fall die Russen richtiger gewesen wären.

Mama brühte literweise Kaffee, schmierte Schnittchen, und ich lernte die Nato kennen.

Der Major sagte: »Hey Mam. How do you do?«

Englisch konnte man damals in Kirchbrak auf der Schule noch nicht lernen. Wozu auch? Meistens war man unter sich.

Trotzdem antwortete ich und sagte: »Towietato.«

Das war, so ungefähr, die Heimat. Und wie gesagt, ich bin der kleine Kaukasus.

Das Haus

Ganz am Anfang haben wir in einer kleinen Höhle gewohnt, alle in einem Raum. Wir waren arm, aber glücklich. Unsere Nachbarn haben uns beneidet, weil wir den höchsten Weihnachtsbaum hatten. Das lag aber daran, dass wir draußen gefeiert haben. Wenn man sich etwas gewünscht hat, sagte Mama immer: »Mach die Augen zu. Alles, was du dann siehst, gehört dir.«

So kam es, dass meine Geschwister und ich viel Phantasie entwickelten. Bruder Jürgen konnte sich komplette gebratene Hühner vorstellen, die er dann mit großem Appetit in sich hineinfraß. Ich hatte sogar so viel Phantasie, dass ich ihm das Huhn, in das er hineinbeißen wollte, wegnahm und selber aß. Dann gab es Ärger, und die Familie wurde nervös. So waren wir. Später baute der Vater für uns ein Haus. Am Anfang war es noch klein und quadratisch. Mama war in der Küche, und wenn ihre Schwestern da waren, wurde schlesisch gesprochen. Manchmal klingelte es an der Tür, und Schuster Bock kam herein, um seine neueste Schuhkollektion vorzustellen. Die Schuhe rochen nach gutem Leder, entsprachen aber schon bald nicht mehr dem Geist der Zeit. Dennoch machte Schuster Bock bis zur Aufgabe seines Ladens noch das eine oder andere Geschäft mit uns.

Manchmal klingelten auch Zigeuner, die uns Leitern, Töpfe und anderes Gerät verkaufen wollten. Wenn Zigeuner im Ort waren, hat sich das schnell herumgesprochen, und die Hühnerställe wurden abgesperrt.

Regelmäßig kam auch Schwester Marianne vom Roten Kreuz, um zu schauen, ob es uns gut ging, oder um Spenden zu sammeln. Das Rote Kreuz hat den Kaukasiern sehr bei der Entnazifizierung geholfen. Es gab zwei Möglichkeiten, ein neues Leben zu beginnen. Entweder man ging in die SPD und spendete für die Feuerwehr, oder man ging in die CDU und spendete für das Rote Kreuz. Aber es ging auch andersrum.

Mit der Zeit lernte ich alle kennen und wusste, warum sie kamen oder gingen. Später kamen ja auch noch meine beiden Schwestern zur Welt, die mich dann auf die Weise kennengelernt haben, wie ich zuvor meine älteren Brüder und die Eltern. Jeder hatte seinen Platz. Auch Papa.

Häufig saß er auf seinem Stuhl, stützte die Ellenbogen auf die Knie und legte den Kopf mit dem Granatsplitter in seine offenen Hände, um auszuruhen. Er brauchte viel Ruhe, weil der Krieg sehr laut gewesen war, und dabei half ihm die Stille, die im kleinen Kaukasus zu Hause war. Nun kann Stille aber auch irgendwann dazu führen, dass man nachts aufwacht und sich überlegt, ob man schon tot ist. Also zu viel Stille ist auch nicht gut, denn der Mensch braucht Anreize und Geräusche, damit er sich orientieren kann. Und aus diesem Grund schaffte Papa sich immer wieder Tiere an, die er allerdings manchmal zu füttern vergaß. Dann hat Mama die Tiere vor den Folgen bewahrt und am nächsten Tag mit Papa geschimpft. Papa mochte nicht, wenn Mama ihn angegangen ist, und sagte immer:

»Wer die Menschen kennt, lernt die Tiere lieben!«
Seine Lieblingstiere waren Pferde. Manchmal hatten wir
auch Ponys. Ich mochte keine Ponys, aber zum Glück hatte ich Phantasie und konnte mir vorstellen, dass sie weg
sind.

Ene mene meck, meck, meck. Ich wünsche mir die Ponys weg.

In unserem Wohnzimmer standen auch Porzellanpferde,
die ich nicht anfassen durfte. Ich war eher so der Action-
Typ, und Mama hatte Angst, dass ich sie kaputtmachen
würde.

*

Bedingt durch die schwere Kriegsverletzung war unser Vater Rentner. Er hatte viel Zeit und viel Ruhe. Andere Männer gingen schon längst wieder zur Arbeit und freuten sich, wenn die Familie sich freute, wenn sie nach Feierabend nach Hause kamen und gemeinsam gegessen wurde. Die Gewerkschaft hielt zu diesen Männern und kämpfte dafür, dass sie mehr freie Zeit für das Familienleben bekamen.

Papa war immer da, und man fürchtete, dass er von zu viel Familienleben Depressionen bekommen könnte. Dadurch hätte der Nachkriegsfamilienfrieden zusätzlich belastet werden können. Also fasste der hohe Familienrat unter dem Vorsitz von unserem Hausarzt Dr. Bunnemann einen Entschluss, und unser Vater bekam zu Weihnachten einen eigenen Betonmischer. Mama hat noch gefragt, ob wir den nicht sogar auf Krankenschein kriegen könnten, denn er sollte doch Papa helfen, den Krieg zu vergessen. Das verneinte Dr. Bunnemann natürlich, aber am Heiligen Abend stand er unterm Christbaum. Und zwar in echt.

Ich werde nie vergessen, wie der Vater sich gefreut hat, als er ihn auspackte. Es war ein Trommelmischer, der es auf knapp 1 PS brachte. Er wurde mit 220 Volt Spannung betrieben und hatte circa 145 Liter Füllmenge. Unter dem Weihnachtsbaum lagen weiterhin:
– ein Sack Zement
– ein Fuder Kies
– ein Fuder Sand
– eine Schaufel

– ein großer Wassereimer und
– eine Kabeltrommel

Damit ließ sich schon einiges anrühren, und Papa begann sofort mit der Arbeit. Leider erwies sich die Tatsache, dass der Mischer eine kleine Anhängerkupplung hatte, als Nachteil, da es immer wieder Anfragen gab, ihn auszuborgen. Vater war grundsätzlich hilfsbereit, hatte aber ein schwieriges Verhältnis zum Phänomen des »Ausleihens«. Natürlich waren wir die Ersten im Dorf, die einen eigenen Betonmischer hatten, und das Bedürfnis, zu betonieren, war groß in jener Zeit, und so kamen immer wieder Nachbarn, die fragten, ob sie den Betonmischer wohl mal für ein Wochenende haben könnten.

Irgendwann stellten wir fest, dass immer dieselben Leute kamen, um sich den Betonmischer auszuleihen. Als Vater sagte, dass sie sich doch mal einen eigenen Betonmischer kaufen könnten, sagten die dann ganz frech: »Wenn du einen eigenen Betonmischer hast, hast du den doch nur für andere Leute!«

Vater beschloss also, den Mischer einstweilen nicht mehr zu verleihen. Nur mit einer Ausnahme: Onkel Wilhelm. Onkel Wilhelm war Maurermeister und ein wahrer Freund der Familie. Er war der Mann von Tante Alide, und sie hatten vier Jungs in unserem Alter, die unsere Freunde waren. Oft half Onkel Wilhelm, wenn Papa daranging, unser Haus zu vergrößern. Anbauen nannte man das, und Papa baute gern an. Ich habe immer mit größtem Vergnügen zugesehen, wenn die Männer am Haus gearbeitet haben. Leider war Mama mit Vaters Bauweise nicht wirklich einverstanden, aber sie konnte nichts machen. Da sie oft krank war und ins Spital musste, nutzte Papa die Chance, um in ihrer Abwesenheit vollendete Tatsachen zu schaffen. Wenn sie wieder nach Hause kam, war das Haus umgebaut. Und das war natürlich etwas anderes, als durch Russland zu ziehen und sich Schrapnells einzufangen.

Ärmel aufkrempeln, zupacken, aufbauen

Wenn Onkel Willem die Kelle führte, war es ein baumeisterliches Fest. So er eine Wand verputzte, entstanden Flächen von so feiner Glätte, dass ein ruhender See hätte neidisch werden können. Ich staunte nicht schlecht und verspürte das brennende Bedürfnis, Spuren zu hinterlassen.

Immer wenn ich mit meinen kleinen Kinderhänden einen Abdruck in den feuchten Speis machte, strich Onkel Willem mit seiner Kelle noch einmal darüber und bedeutete mir mit einem gütigen Blick, dass das nicht wirklich erwünscht war. So war Onkel Wilhelm. Ein Profi, dem Liebe zu Mensch und Wand niemals abhanden gekommen ist.

Papa arbeitete gern etwas schneller und dafür ruhig auch mal etwas ungenauer. Seine Spezialität war, in die aus grober Verschalung entstandenen Betonmauern leere Weinflaschen zu stecken, die später die Zaunpfähle beherbergen sollten. Nach der Fertigstellung der Grundmauer wurde dann der Maschendraht von Pfahl zu Pfahl gespannt. Mit dieser grundsoliden Technik sollten dann Ratte, Fuchs und Galgenvogel ausgesperrt werden, auf dass Ente und Huhn friedlich scharren und schnattern konnten. Wobei die viel größere Gefahr vom Habicht ausging, der hoch oben am Himmel kreiste und unverhofft herunterstieß, um Beute zu schlagen.

Wer einmal einen Sittich schlug,
kriegt nie und nimmermehr genug.

Die teuren Tiere, also Fasane, Pfauen und Zwergziegen hatten deshalb ihre überdachte Komfortunterkunft vis-à-vis des Maschendrahts. Dort errichtete der Vater Ställe und Zwinger. Papa nannte unser Grundstück mit all seinen Verschlägen »die Kolchose«, und ich nannte es »Ponderosa«. Heute würde man vielleicht »Gazastreifen« sagen.

So verging die Zeit. Mama hatte sich irgendwann damit abgefunden, dass Vater gerne baute, und beschloss, sich nicht mehr darüber zu ärgern, dass sich das Haus in ihrer Abwesenheit immer veränderte. Es gab dabei nur ein Problem. Der architektonische Vorsatz war frappierend. Das Haus wurde ständig länger, und es entstand eine Art Schlauch, in dem es nichts als Durchgangszimmer gab. Man hatte eigentlich nirgends seine Ruhe, weil ständig irgendjemand durch irgendein Zimmer musste, um irgendwohin zu gelangen. Diese Bauweise bedingte ein beständiges Anwachsen der familiären Nervosität und Unruhe. Aber es hatte auch Vorteile. Man konnte gut im Hausflur bolzen, musste nur aufpassen, dass man die Lampen nicht von der Decke runterschoss.

So mischte Vater reichlich Beton und Zement, und je länger das Haus wurde, desto leiser wurde das Rauschen des Betonmischers. Wenn man manchmal aus dem Fenster sah, schien es, als würde der Vater immer kleiner werden. Da musste man schon laut rufen, wenn das Essen fertig war. »Vatl! Assa kumma!«

Schlesier und Bremer

Wie ich zu Beginn erwähnt habe, bestand unsere Familie aus Schlesiern und Bremern.

Wenn Menschen heiraten, prallen unwillkürlich verschiedene Kulturen und Gene aufeinander. In meinem Fall also hanseatische und schlesische DNA. Im Alltag stellte sich das Erbmaterial folgendermaßen dar: Die Bremer, die früher eine große Sargschreinerei besaßen, haben unglaublich gern gefeiert. Die Schlesier, die nur einen kleinen Hof hatten, waren bescheidener und haben nur ein bisschen gefeiert und lieber viel gearbeitet.

Bei unseren Familienfeiern war ich lieber bei den Bremern. Die Schlesier, so schien es, kannten einfach keine Ruhe. Auftragen, abwaschen, wegräumen, und wenn sie mal saßen, hatten sie ein schlechtes Gewissen.

Mama sagte beim Essen sehr oft: »So, nun seht zu, dass ihr fertig werdet, ich will abwaschen!«

Dagegen erzählten die Bremer lieber von ihren Reisen, vom Hafen und Remmers Bierstuben. Remmers Bierstuben war das Stammlokal der Bremer, und Papa erinnerte sich gern an die Zeit vor dem Krieg zurück, in der er splitterfrei sein Bier genießen konnte.

Die Schlesier hingegen erinnerten sich mit Freuden daran, dass sie als Kinder morgens um vier Uhr aufgestanden sind, um im Riesengebirge Beeren zu pflücken und Erde umzugraben.

Hier sehen wir, wie Mama ihren Freunden Krakowiak vorspielt.

Ein weiterer wichtiger Unterschied bestand darin, dass die Bremer Gürtel trugen und die Schlesier Hosenträger. Ein aus Boblowitz stammender Onkel warnte mich einmal: »Wenn du zu oft Gürtel trägst, wird der Bauch abgeschnürt, und dann bekommst du ein Magengeschwür!« Kurze Zeit später war er tot.

Obwohl die beiden Familien sehr unterschiedlich waren, gab es eine Sache, die sie verband: das Akkordeon. Papas Bruder Johann spielte ein großes schweres Tastenakkordeon, und Mama und Tante Hanna spielten in Schlesien diatonische Harmonikas.

Im Zweiten Weltkrieg sind die Instrumente verschüttgegangen, und so konnten Tante Hanna und Mama in der neuen Heimat nicht mehr spielen. Man kann sagen, dass die Bremer die Musik gemacht haben, die Schlesier in Gedanken aber immer mit dabei waren. Gesungen haben alle gleich gut.

Da Mamas Familie vor Ort war, die Bremer aber in Bremen, war meine Kindheit überwiegend schlesisch. So gesehen waren die Bremer im kleinen Kaukasus eine Minderheit. Es gab bei mir viele Schlesier. Nach dem Krieg hat man versucht, sie ein bisschen zusammenzulassen, damit sie nicht zu traurig werden. Die Sudetendeutschen steckte man in den Bayerischen Wald und die anderen noch woanders hin.

Flüchtlinge waren nicht überall beliebt. Viele Einheimische hatten Angst vor ihnen und wollten sie nicht heiraten, weil sie arm waren. Die Bauern vor Ort hatten natürlich alles und haben auch gute Geschäfte mit den

Fremden gemacht. Wenn zum Beispiel ein Schlesier einen guten Mantel gerettet hatte und im Winter 1946/47 auch mal Milch oder Eier für seine Kinder brauchte, dann hat der Bauer gesagt: »Cooler Mantel«, und dann war er weg, der Mantel.

*

Mit den Jahren ist es dann aber besser geworden. Das lag vor allem daran, dass die Schlesier gut gearbeitet haben und den starken Willen hatten, das Vergangene hinter sich zu lassen, um etwas Neues aufzubauen. Aber sie hatten natürlich ihre Kultur. Früh lernte ich Rübezahl, den Bergriesen, kennen. Im Wohnzimmer stand eine große geschnitzte Figur, die wachsam auf unsere Familie schaute. Manchmal sang Mama mit ihren Schwestern, und ich hörte genau zu.

Hohe Tannen weisen die Sterne
an der Iser wild schäumende Flut.
Liegt die Heimat auch in weiter Ferne,
doch du Rübezahl hütest sie gut.

Ein schönes Lied, und obschon Rübezahl die Keule schwang, um die Heimat zu schützen, flossen der Tränen viele, und weil die Erwachsenen geweint haben, weinte ich manchmal einfach mit, weil es so schön war.
Gern hörte ich, wenn im Treppenhaus schlesisch gesprochen wurde. Oma und Opa hießen Muttl und Vatl und

Kartoffelsalat hieß Kartuffelsalat. Weil wir gute Christenmenschen waren, gab es freitags immer Fisch. So lernte ich Häckerle kennen. Es bestand aus Salzhering, der ganz klein gehackt und mit Apfel gemischt wurde. Richtig püriert hätte man Trinkfisch sagen können. Es schmeckte mir trotzdem.

Es gab aber auch einige kulinarische Aspekte bei den Schlesiern, die für trübe Stimmung sorgten. Zum einen ein Gericht, das als »Schlesisches Himmelreich« bekannt ist. Dabei geht es um Schweinebauch mit Backobst. Soweit ich mich erinnere, hat Mama es einmal zur Weihnacht angerichtet. Als der Teller mit der Mahlzeit vor Papa stand, hat er den einfach umgedreht, sodass das Essen auf dem Küchentisch lag. Ich weiß es aber nicht mehr genau. Jedenfalls ist dieses Himmelreich dann aus dem Speiseplan verschwunden.

Unmut erzeugte auch eine schlesische Süßspeise, die Granatsplitter hieß. Papa wurde ganz nachdenklich, wenn man ihn fragte: »Magst du noch einen Granatsplitter?«

Er antwortete dann immer: »Muss nicht sein. Der eine reicht!«

*

Papa war ein schlauer Mann. In unserem Haus hatte er ein eigenes Büro mit Schreibtisch, Schreibmaschine und Aktenordnern. Damit er sich auch mal ausruhen konnte, gab es in seinem Büro auch noch ein Sofa für den Mittagsschlaf. Oft kamen Leute aus dem Dorf, um mit Papa zu reden. Dabei wurden Zigarren geraucht, die ich holen musste. Papa rauchte die fehlfarbenen, die er als evangelische Zigarren bezeichnete. Die dunklen Zigarren nannte er katholische Zigarren. Die waren aber etwas teurer, und weil es uns noch nicht so gut ging, hieß es dann: »Guten Tag. Bitte fünf evangelische Zigarren für meinen Vater!«

Ich habe gern Zigarren geholt, weil ich darauf spekulierte, das Wechselgeld behalten zu können, weil Papa, bedingt durch den Krieg, vergesslicher war als Mama. Mama war Hausfrau, und das bedeutete, dass ihr nichts entging.

Papa war Frührentner, weil ihn wegen seiner Kriegsverletzung niemand mehr einstellen wollte. Er war aber nicht untätig. Er kannte sich gut aus mit Renten und arbeitete ehrenamtlich für den Reichsbund, wo er vielen Kriegerwitwen bei ihren Rentenanträgen half. Das Wort »Kriegerwitwe« habe ich oft gehört, konnte mir aber nichts darunter vorstellen. Darum habe ich Papa einmal danach gefragt, und er hat mir geantwortet, dass das Frauen sind, deren Männer im Feld gefallen oder in Gefangenschaft geraten sind. Ich habe mir dann immer Männer vorgestellt, die über ein Feld laufen und hinfallen. Allerdings blieb es mir ein Rätsel, warum sie nicht nach Haus gekommen sind. Sie hätten ja wieder aufstehen können. Also musste ich noch einmal nachfragen, und dann hat Papa mir erklärt, dass »im Feld fallen« dasselbe ist wie »im Krieg sterben«. Daraufhin habe ich mich irgendwo hingesetzt, um mir meine Gedanken zu machen. Ich war froh, dass Papa nicht gefallen war. So konnte er bei uns sein, Beton mischen und Anträge schreiben.

Zum Beispiel diesen:

```
Hermann  Rebers                    den. 12.12. 79
3452 Kirchbrak
OT. Westerbrak 34


An den Landkreis Holzminden
Abt. öfftl. Sicherheit und Ordnung

Az. (1)  122 - 12


Hochverehrte Herren!

Möchte bitten meine  Waffenbesitzkarte zu verlängern.

Begründung:Habe immer noch Ratten  -  Füchse u. Galgenvögel
auf mein Grundstück.

Anlage. Waffenbesitzkarte Nr. 1333

                              Mit vorzüglicher Hochachtung
                                   Hermann  Rebers
```

Die Schlesier waren meines Wissens unbewaffnet, friedlich und fleißig. Opa rückte Holz im Wald, und Oma Wanda arbeitete gern mit der Axt. Sie hatte einen präzisen Schlag und traute meinem Vater nicht wirklich über den Weg. Zum einen, weil er durch seine Kriegsverletzungen manchmal etwas verrückt war oder Anfälle bekam, weil er seine Tabletten falsch eingenommen hatte. Zum anderen missfiel ihr, dass Papa gerne Bier trank.

Da war aber nichts zu machen. Alle Bremer tranken gern Bier. Vielleicht hatte das mit den vielen geschreinerten Särgen zu tun, zwischen denen sie als Kinder spielen mussten. Gut, die Särge waren ja für andere, obwohl mein Onkel Heinz sich in weiser Voraussicht schon sehr früh seinen eigenen Sarg geschreinert hat. Er stellte ihn sich in die Scheune, und manchmal hat er in ihm Mittagsschlaf gemacht. Ob es stimmt, weiß ich nicht. Eines aber stimmt, dass er nämlich, nachdem sein Vater, also mein Opa aus Bremen, schon lange unter der Erde lag, mit dem Frontlader auf den Friedhof fuhr und den Grabstein holte, um ihn dann daheim in die Scheune vor seinen eigenen Sarg zu stellen. Ich denke, dass das die Geschichten waren, die Oma Wanda irritierten.

Am Akkordeon ist übrigens mein Onkel Jan, der eine Hohner Atlantic spielte. Ich bin vorne in der Mitte und ärgere mich über meine Frisur.

Ich hingegen mochte diese Geschichten sehr. Auch ihre Bremer Binsenweisheiten habe ich mir im Laufe des Lebens zu eigen gemacht, zum Beispiel diese: »Wir Bremer, wir trinken gern mal ein Bier. Manchmal auch mehr. Aber wir werden nicht frech!«

So sprachen sie, und Papa fügte ergänzend hinzu: »Wenn ein Mensch frech ist, dann ist das nicht so schlimm. Wenn ein Mensch doof ist, dann ist das auch nicht so schlimm. Wenn aber ein Mensch doof und frech ist, dann muss man sich in Acht nehmen!«

Nachdem ich etwas länger darüber nachgedacht hatte, stellte ich mir die Frage, wie es denn wäre, frech und schlau zu sein?

*

Nun gab es aber nicht nur Papas Brüder, sondern auch noch Papas Schwestern. Eine von ihnen hieß Tante Berta, und verheiratet war sie mit Onkel Gustav. Es war in einem Sommer, als ich zum ersten Mal zu Besuch nach Bremen durfte. Ich wäre auch nach Schlesien gefahren, aber das war zu dieser Zeit wohl noch zu gefährlich. Also freute ich mich auf Bremen.

Onkel Gustav, ein echter Kapitän, wohnte mit seiner Familie in einem schönen Haus, das irgendwie nicht so bekloppt gebaut war wie unseres. Die meisten Zimmer hatten nur eine Tür, und oft musste man stundenlang warten, bis man gestört wurde. In diesem Haus wohnte auch Opa Böhnig, der wie Onkel Gustav Kapitän gewesen war.

Opa Böhnig war schon fast hundert Jahre alt und war so etwas wie ein Admiral gewesen, glaube ich. Sein Schiff hieß »Panzerkreuzer Fürst Bismarck«, und Opa Böhnig sah auch genau so aus wie Bismarck. Glatze, Bart und groß. Als ich später in der Realschule im Geschichtsbuch ein Bild von Bismarck sah, sagte ich zu meiner Lehrerin Fräulein Höntze: »Den kenn ich. Der wohnt bei Tante Berta.«

Ich mochte Opa Böhnig sehr, denn er erzählte mir, wie er im Chinesischen Meer und in Afrika für Kaiser Wilhelm gearbeitet hat. Er hatte echte Speere, Pfeile und Kriegsschmuck von den Hottentotten, gegen die er gekämpft hat. Ich war wie von Sinnen und hoffte, ein paar Giftpfeile geschenkt zu bekommen. Aber es hat nicht sollen sein.

Dafür zeigte mir Opa Böhnig Krügers Kolonialkalender. Dieser Kalender zeigte Bilder aus den Welten, in die unsereiner wohl niemals hinkommen würde. Es gab wilde Tiere, abgehackte Köpfe, Eingeborene ohne Kleidung und unvorstellbare Attraktionen. Mein Lieblingsbild war ein Mann mit Elefantiasis. Er hatte riesige dicke Beine und sah sehr krank aus. Elefantiasis ist eine Tropenkrankheit, vor der man sich in Acht nehmen musste. Onkel Gustav erzählte, dass vor allem Fliegen und Mücken gefährliche Krankheiten übertragen konnten. Seitdem hat kein Insekt mehr Freude an mir gehabt.

Tante Berta hatte auch ein gefährliches Tier. Den Pudel Schamacko, der nie so richtig mit mir spielen wollte, wenn ich auf Besuch war.

Ich hatte immer ein sehr natürliches Verhältnis zu Tieren. Zu Hause gab es Tiere zum Essen und solche zum Angucken. Papa hatte einen Privatzoo mit Pfauen, Fasanen, Pferden, Eseln, Ziegen, chinesischen Ohrfasanen und jede Menge anderes Viehzeug. Es gab auch Meerschweinchen, die Papa an die Uniklinik in Göttingen verscheuerte, wo

Schwester Almuth und unsere Hühner

sie halfen, unsere medizinische Versorgung zu verbessern. Mamas Liebe galt eher den Nutztieren. Hühner und Schweine mochte sie am liebsten. Sie fraßen unsere Essensreste, legten Eier, und irgendwann haben wir sie geschlachtet und aufgegessen. Zwischen all den Tieren sind wir aufgewachsen.

Wenn man Hühner füttern wollte, musste man »Komm! Tiet, Tiet, Tiet, Tiiiiiet!« rufen. Wenn man Enten füttern wollte, rief man »Komm! Nat, Nat, Nat, Nat, Nat.« Dann kamen sie und freuten sich. Manchmal haben sie sich aber auch gewundert, dass es kein Futter gab. Dafür gab es dann für uns Futter. Zum Beispiel Huhn nach kaukasischer Art.

*

Ich kannte mich gut aus mit Tieren. Ich wusste zum Beispiel, dass Katzen keinen Reißverschluss haben und kein Wasser mögen. Schamacko schien also etwas geahnt zu haben und mied mich. So wartete ich eben darauf, dass mir die alten Kapitäne irgendwas erzählten, aber meistens hatten sie keine Lust. Also versuchte ich den Pudel Schamacko davon zu überzeugen, dass es doch ganz schön wäre, mit mir zu spielen. Da hat er mich gebissen, und ich konnte die Hafenrundfahrt nicht mitmachen, weil ich eine Tetanus-Spritze bekommen musste.

Das war ärgerlich, denn das Schönste an Bremen waren nicht die Särge, sondern der Hafen, in dem es Mohrenköpfe, Nusssplitter und »Eduscho«-Kaffee gab. In meiner Phantasie waren es die großen Kapitäne Onkel Gustav und Opa Böhnig, die dafür sorgten, dass es immer Nachschub geben würde. Und jedes Jahr kurz vor Weihnachten kam er, der Nachschub. Ein wohlduftendes »Eduscho«-Paket gefüllt mit Nusssplittern, Mohrenköpfen und Kaffee.

Große Dummheiten

Als ich aus Bremen zurückkam, war alles genauso wie zuvor. Ich drehte meine Runden durch das Dorf, traf ein paar Freunde und entdeckte im »Konsum« etwas Neues. Es gab wunderschöne bunte Taschenmesser, die an einer kleinen glitzernden Kette hingen. In mir stieg der Wunsch auf, sie zu besitzen. Nicht nur eins, sondern alle. Ich verfügte über keinerlei finanzielle Mittel, da Mama mich knapp hielt, und so musste ich mir was überlegen.

Es wäre alles nicht so weit gekommen, wenn mir Opa Böhnig einen Giftpfeil oder einen Speer geschenkt hätte. So träumte ich von den kleinen bunten Messern und überlegte mir etwas.

Zum Mittag gab es Schnippelbohnen, die Mama eingeweckt hatte. Ich aß sie ganz gern, aber am liebsten hatte ich Erbsen.

Nach dem Mittagessen hatte sich Papa hinten auf sein Sofa gelegt und hielt seinen Mittagsschlaf. Ich hatte mir vor dem Essen überlegt, mir vorübergehend etwas Geld von ihm auszuleihen und es zu einem späteren Zeitpunkt mit dem Wechselgeld der Zigarren zu verrechnen. Ich hatte ausgerechnet, dass die Messer mich so knappe zehn Mark kosten würden. Also nicht die Welt.

Um in Vaters Büro zu gelangen, musste ich unseren unendlich langen Flur überwinden. Da ich gerade gegessen hatte, nahm ich keine Vorräte mit und machte mich gleich auf den Weg. Ich hatte das Gefühl, dass unser Haus für Menschen gebaut wurde, die gern gestört werden und lange Strecken laufen wollen.

Als ich am Ziel war, überprüfte ich die Lage. Papa schlief tief und fest. Seine Brieftasche steckte, so vermutete ich, wie immer in der Innentasche seines Jacketts. Um es zu verifizieren, musste ich es mit den eigenen Augen prüfen. Im Angesicht des sich anbahnenden Verbrechens wich interessanterweise alle Nervosität von mir, und ich wurde zum Profi. Wie der Kater Stanislaus, schnurr di burr di burr, schlich ich durch Vaters Büro und machte mich an seiner Brieftasche zu schaffen. Und da sah ich ihn, den Zehner. Kaum hatte ich ihn erkannt, lachte er mich teuflisch an. Und da war er auch schon in der Hosentasche verschwunden. Ich schluckte, die Missetat war vollbracht.

Es störte mich nicht im Geringsten, dass kein weiteres Geld in der Brieftasche war. Es war mir auch egal, denn ich spürte schon die Messer zwischen meinen Fingern. Der Gedanke, dass es auffallen könnte, kam mir gar nicht. Vielleicht würde ich ja auch Rabatt bekommen, weil ich vorhatte, alle Messer zu kaufen. Mengenrabatt sagt man dazu. Ich rechnete mir aus, dass noch etwas übrig bleiben würde, um vielleicht einen »Mister Tom«-Erdnussriegel zu kaufen oder ein Eis. Aber ich musste mich konzentrieren, denn der Rückmarsch lag noch vor mir, und ich wollte Feindberührung unter allen Umständen vermeiden. Ich plante, die Truppen des Gegners weiträumig zu umgehen und im Wohnzimmer meine Zelte aufzuschlagen. Das Zeitfenster war groß genug, denn es war Mittagszeit, und der »Konsum« machte erst wieder um 15 Uhr auf. Also kämpfte ich mich bis ins Wohnzimmer vor und schlug in dem guten Sessel mein Lager auf. Um Abstand von der Front zu gewinnen, blätterte ich in meinen Micky-Maus-Heften.

*

Oben auf dem Schrank stand Rübezahl und schaute mich grimmig an. Auf dem Wohnzimmertisch standen Papas Porzellanpferde, und ich stellte mir vor, wie es wäre, wenn sie herunterfielen und in tausend Scherben zersprängen. So saß ich im Sessel, und der Zehnmarkschein schwitzte in meiner Hosentasche. Das Micky-Maus-Heft in den Händen, fiel mir plötzlich auf, dass Kater Karlo immer der Verbrecher war. Das war seine Rolle, und es gab nichts, was ihn auf den Pfad der Tugend zurückbringen konnte. Nichts und niemand vermochte aus ihm einen guten Menschen zu machen. Ich hörte Papa oft sagen: »Einmal Verbrecher – immer Verbrecher!« oder: »Einmal Ferkel – immer Ferkel!« oder: »Galgenvogel bleibt Galgenvogel!« Und ich hörte auch Mama, die da sprach: »Wer einmal lügt, dem glaubt man nicht. Und wenn er auch die Wahrheit spricht!«
Und ich sah die Schlesier in unserem Wohnzimmer sitzen und hörte sie singen:

Höre Rübezahl, was wir dir sagen,
Volk und Heimat, die sind nicht mehr frei.

Schwing die Keule, wie in alten Tagen,
schlage Hader und Zwietracht entzwei!

Ich überlegte, ob das, was ich gerade getan hatte, Hader und Zwietracht waren, und ich spürte schon die Keule über meinem Kopf. Mir wurde heiß, und ich schaute hoch zum Wohnzimmerschrank, auf dem unser Rübezahl stand. Er war mittlerweile größer geworden, und wie ich ihn ansah, wurde er größer und größer, und seine roten Haare wurden zu Feuer, und der wallende Bart bestand nur noch aus züngelnden Flammen, die nach mir lechzten, und ich hörte ihn flüsternd zischeln: »Wo sind die zehn Mark?«

»Welche zehn Mark?«, antwortete ich voller Angst.

»Du legst das Geld sofort zurück, sonst petz ich!«

Ich kam zurück auf den Boden der Tatsachen. Vor mir stand nicht Rübezahl, sondern Bruder Jürgen, und jetzt, da ich ihn erkannte, wiederholte er wörtlich: »Du legst das Geld sofort zurück, sonst petz ich!«

Dann verschwand er.

»Scheiße!«, dachte ich. Jürgen, dem Meisterdieb unter den Kindern, war ich in diesem Fall wohl zuvorgekommen. Ich überlegte kurz und beschloss dann, das Geld nicht zurückzulegen, sondern es zu behalten. Er würde schon nicht petzen, denn ich hatte ja auch Informationen über ihn und seine kleinen Raubzüge.

Jürgen war ein großer Pralinenfreund, der mit größter Leidenschaft Mamas Nusssplitter, Weinbrandbohnen oder »Mon Chérie«-Pralinen fraß. Von diesem Zeug konnten Kinder besoffen werden, sagten die Erwachsenen, und deshalb hortete Mama ihre Vorräte im Wohnzimmerschrank, der für uns Kinder tabu, aber eben nicht wirklich abschließbar war.

Bruder Jürgen ging mit so großem Geschick vor, dass ich ihn darum beneidete. Er war in der Lage, von den Pralinenschachteln problemlos das Cellophanpapier herunterzuziehen, Beute zu machen und das Cellophan ohne irgendeinen Knick wieder über die Schachtel zu ziehen. Deswegen konnte er später auch so gut mit Parisern umgehen. Als Mama feststellte, dass trotz perfekten Erscheinungsbildes Lücken in ihren Schachteln waren, gab es was aufs Schapp. Es war immer dasselbe.

Mama fragte: »Wer war es? Raus mit der Sprache, sonst kommt ihr ins Heim!«, und wenn nicht innerhalb kürzester Zeit ein Geständnis kam, kriegten alle was ab. Ich habe meine Taten immer zugegeben, weil ich ein guter Junge sein wollte. Nicht so die beiden Großen. Vor allem Jürgen nicht. Er war bereit, etwas einzustecken, wenn es darum ging, eine weiße Weste zu behalten, obwohl auch er Angst vor dem Heim hatte.

Aber ich bewunderte ihn. Er war einfach großartig. Sein Spürsinn verriet ihm jegliches Versteck. Er gab niemals auf, auch wenn es Ärger gab. Er blieb am Ball und vervollkommnete seine Technik bis zur Perfektion. Dazu wechselte er ständig die Strategie. Er fraß nur noch die einzeln verpackten Pralinen, modellierte sie mit Knete oder Erde nach und verpackte sie dann wieder, bevor er sie zurück in die Schachtel legte. Kurzum, er war ein Genie.

Derart perfekt rekonstruierte Pralinen wurden auch weiterverschenkt, sodass Tante Alide einmal an ihrem Geburtstag sehr überrascht war.

Was man Tante Alide und Mama zugute halten muss, war die Tatsache, dass sie solcherlei Zwischenfälle mit Humor nahmen und einem gut gedrehten Ding hin und wieder auch Anerkennung entgegenbrachten. Mama war ja auch nicht immer ehrlich. Vor allem, wenn es um mein Taschengeld ging. Deshalb musste ich die notwendigen Korrekturen eben manchmal auch selber vornehmen.

*

Na gut, da waren also diese zehn Mark, die sich jetzt in meiner Hosentasche befanden. Mein lieber Bruder hatte es wohl selber auf das Geld abgesehen, sonst hätte er es ja nicht wissen können. Ich fühlte mich ertappt, konnte mich aber nicht entschließen, die gefährliche Aktion im umgekehrten Sinne zu wiederholen.

»Dann behalte ich es eben und kaufe mir jetzt die Taschenmesser!«, sagte ich mit einem unangenehmen Gefühl zu mir. Dann kam der Abend.

Es war ein schöner Sonnenuntergang, den ich in aller Ruhe zusammen mit meinen neuen Taschenmessern genießen wollte. Ich träumte, wie ich die Messer mit den silbernen Kettchen meinen Geschwistern schenken würde. Jeder hätte dann eins für sich. Selbst Almuth. Mama und Papa würden mich anschauen und wären stolz auf mich und meine Großzügigkeit.

Da hörte ich Mutters Stimme: »Taschen ausleeren!« Ich tat es und versuchte erst gar nicht etwas zu vertuschen. Als ehrlicher Bursche übernahm ich die Verantwortung, um meine Geschwister nicht mit reinzuziehen, und dann legte Mama los. Diesmal ging sie aber weiter als sonst. Sie wurde jähzornig und verlor die Beherrschung. Nachdem der Kochlöffel kaputtgehauen war, kam der Teppichklopfer als Verstärkung dazu. Normalerweise hörte sie auf, wenn etwas zu Bruch ging. Diesmal steigerte sie sich rein und wollte gar nicht mehr aufhören. Auch bei mir änderte sich etwas. Während sie mich verprügelte, beschloss ich, nicht mehr zu weinen. Mama wurde daraufhin noch wütender, sodass Papa einschreiten musste, weil der Teppichklopfer sich langsam auflöste.

Danach war ich sehr böse auf Mama und habe erst einmal nicht mehr mit ihr gesprochen. Das machte ihr ganz schön zu schaffen, denn niemand in der Familie konnte so laut schweigen wie ich. Mit der Zeit haben wir uns schon wieder vertragen, aber ich ließ sie zunächst eine Zeitlang braten.

*

Papa hat mich nur ein einziges Mal gehauen, und deshalb ist es auch schnell erzählt. Wir hatten Besuch von den Wolfsburgern, also von Leuten aus Wolfsburg. Freund Volker und ich wussten nicht, was wir spielen sollten. Da hatte er die Idee, unsere kleinen Katzen ins Wasser zu tauchen. Das wollte ich aber nicht, weil ein paar Tage zuvor ein anderes Kind aus der Nachbarschaft kleine Katzen in die Jauchegrube unter dem Schweinestall geworfen hatte, sodass sie ertranken. So etwas hätte ich nie, nie, niemals getan, und etwas Vergleichbares wollte ich auch nicht tun.

»Nein«, sagte ich.

»Wir machen was anderes.«

Es war Spätsommer, und so gingen wir auf die Wiese, wo Papa große Heugarben aufgeschichtet hatte. Innen waren sie hohl, und man konnte Zelt spielen. Ich liebte Heu. Vor allem den Geruch. Das Heu war für die Pferde. Und Pferde riechen auch gut. Nichts riecht so gut wie Pferde und Heu. Vielleicht nur noch Frauen, aber davon wusste ich damals noch nichts.

Dann krochen wir in eins der Heuzelte und erzählten uns Sachen, die wir aus den Gesundheitsbüchern unserer Eltern kannten. Da gab es Fotos von Menschen mit schrecklichen Krankheiten, Raucherbeinen und Bilder von Geschlechtsteilen. Als ich Volker die Bilder aus Krügers Kolonialkalender beschreiben wollte, hat er getan, als ob er mir nicht glaubte.

»Elefantiasis! So ein Quatsch!«, sagte er, und dann rezitierte er ein kleines Gedicht mit zweifelhaftem Inhalt:

Der Vorhang erhebt sich,
die Bühne belebt sich.
Der König tritt vor seinen Palast.
König: »Oh, meine goldene Tochter, warum seid ihr so errötet?
Wer hat euch heut wieder eins vors Loch geflötet?«
Goldene Tochter: »Das war der Isidor

mit einem Schwanz wie ein Ofenrohr.«
König: »Isidor, du Schuft,
hast meiner Tochter eins vor das Loch gepufft?«
Isidor: »Oh ja, mein Herr, sie hat gestöhnt,
das Ofenrohr hat sie verwöhnt!«
König: »Ich kann dich nicht mehr leiden.
Man soll das Rohr abschneiden!«

Das war natürlich der Hammer, aber es kam noch besser.
Volker hatte sogar Zigaretten und Streichhölzer in seiner
kurzen Hose, mit denen er klapperte. Nachdem das mit
den Katzen schon nicht hingehauen hat, geriet ich jetzt in
Zugzwang. Heu riecht gut. Brennendes Heu aber auch.
Nach zwei Minuten stand der ganze Hügel in Flammen,
und wir gingen zufrieden nach Hause.
»Na, ihr Rumtreiber, ihr riecht ja ganz verbrannt«, sagte
Tante Lotti.
»Ich muss sowieso in die Wanne«, antwortete ich.
Es war Samstag, und Samstag war Badetag. Schnell zog
ich mich aus und legte mich in das Wasser, in das der blöde Jürgen vorher noch schnell reingepinkelt hatte. Jetzt
drehte ich den Wasserhahn von unserem großen Kupferkessel auf und hörte zu, wie das Wasser in die Wanne lief.
Ich roch wirklich verbrannt, und irgendwie mochte ich
das. Dann tauchte ich den Kopf unter Wasser und hielt
die Luft an, solange ich konnte.
Als ich wieder auftauchte, war Papa schon im Bad. An-
satzlos haute er mir dermaßen eine runter, dass ich mit
dem Kopf an den Wasserhahn knallte.

»Wenn du das noch einmal machst, schlage ich dich tot!«
Sprach's und ging.

Ich habe nie wieder größere Sachen angezündet. Nur noch kleinere oder solche, die nicht von uns waren. Gemopst habe ich dann auch nur noch in äußersten Notfällen. Zum Beispiel wenn ich mein Geld nicht für Weihnachtsgeschenke ausgeben wollte, sondern für Chinaböller. Da bin ich dann in unsere Dorfgeschäfte gegangen und habe den Wandteller Röhrender Hirsch in Kupfer, Schmuckkästchen oder Anlegebesteck mitgehen lassen.

Einerseits hatte ich natürlich Angst vor dem Heim, andererseits haben sich Mama und Papa immer sehr gefreut, wenn ich ihnen etwas geschenkt habe. Und der Röhrende Hirsch hing immerhin 40 Jahre in Vaters Büro.

Hirsch in Kupfer – Handgetrieben und geätzt

Gefühle finden

Immer wenn man etwas erkundete oder erfuhr, spürte man auch etwas. Mal war es ein Geruch, mal ein Geschmack und mal ein Gefühl. Ich habe in den ersten Jahren fast alle wichtigen Gefühle gelernt, die man im späteren Leben braucht. Am liebsten mochte ich, wenn ich etwas mochte.

Natürlich war es auch abhängig vom Wetter. Ich war ein Kind, das lieber draußen herumtobte, als im Haus der wachsenden Nervosität ausgesetzt zu sein. Wenn es aber regnete und düster war, blieb ich auch schon mal ganz gern drin, und durch den Erwerb eines Fernsehgerätes entspannte sich das Familienleben zunächst deutlich. Aber ich wusste, dass das Fernsehen das Miteinander langfristig entscheidend verändern würde. Aber noch war es nicht so weit. Einstweilen gab es nur wenig Programme und lange das Testbild.

So blieb erst einmal vieles, wie es war. Bauern trieben ihre Rinder auf die Weiden, die zwischen Wald und den Feldern lagen, und das Gras begann ordentlich zu wachsen, sodass wieder Deckung entstand. Wenn man die Absicht hatte, jemanden zu überfallen oder zu ärgern, brauchte man Deckung. Wir waren selbst wie Busch und Wiese. Keiner hatte Allergien, und die einzigen Krankheiten, die es gab, hießen Kinderkrankheiten, Grippe oder Knochenbrüche. Also nichts, wovor man Angst haben musste.

Dass Mama Krebs hatte, wusste ich gar nicht. Und so saß ich mitten in der Landschaft und schaute vor mich hin.

*

Die meisten Felder waren schon im vergangenen Herbst beackert worden, aber die Kartoffelfelder wurden fast immer im Frühjahr gepflügt. Das war mir eine besondere Freude. Wenn ich nichts Besseres zu tun hatte, ging ich raus und schaute zu. Wenn dann die aufgepflügte Erde im Sonnenlicht glänzte, habe ich mich gefreut. Der bearbeitete Acker sah wie frische Schokolade aus, sodass ich irgendwann einmal voller Freude auf das Feld gelaufen bin, um in eine Scholle zu beißen. Wie sich so etwas anfühlt, bleibt übrigens mein Geheimnis. Nur so viel: Ich habe es nie wieder getan.

Bedingt durch Vaters Bauweise gab es Ruhe und Kontemplation meist nur außerhalb der eigenen vier Wände, und da um unser Haus viel Platz und Natur war, zog ich oft hinaus in Gottes schöne Welt, um sie zu erkunden.

Einige Erlebnisse, die in spürbarer Erinnerung geblieben sind:

Ich hielt kleine Hühnerküken in meinen Händen und weiß genau, wie sich ihre kleinen Krallen anfühlen.

Ich habe kleine Enten gestreichelt und weiß, wie sich ihr Flaum anfühlt.

Ich habe einen Wellensittich begraben und weiß, dass Vögel sich nicht mehr bewegen, wenn sie tot sind.

Ich habe meinem Vater geholfen, Tauben den Hals umzudrehen und sie über dem alten Blecheimer ausbluten zu lassen.

Ich habe geschlachteten Schweinen mit einem Spezialbecher die Borsten abgeschrubbt, weil die nicht schmecken.

Ich habe in Hermann Dües Fischteichen Forellen geangelt, totgemacht, ausgenommen und gegrillt.

Ich habe eine kleine Schwalbe gerettet, die aus dem Nest gefallen war.

Ich habe einem fremden Kater, der unsere kleinen Kätzchen getötet hat, mit einer selbst geschnitzten Lanze den Garaus gemacht.

Ich bin von Schamacko, dem Hund, gebissen worden und bekam eine Tetanus-Spritze.

Ich habe einen Pfau in den Armen gehalten.

Ich habe Pferde geküsst und bin auf Schweinen geritten.

Ich habe gesehen, wie kleine Boxerwelpen einen Bettvorleger durch unseren langen Flur zogen und jähzornig wurden, als es ihnen nicht gelang, ihn um die Ecke zu ziehen. Danach waren sie so müde, dass sie alle auf meinem Schoß eingeschlafen sind.

Ich habe einem Truthahn in den Arsch getreten und Mama geholfen, Hühner zu rupfen.

*

Meine Lieblingserinnerung war aber eine noch andere. Zweimal in der Woche kam der Bäckerwagen. Es war ein Caravan von Opel, den sich unser Bäcker umgebaut hat.

Also Rücksitze raus, Regalböden rein, Backbleche auf die Böden und dann über die Dörfer. Wenn er hupte, wussten alle im Dorf: »Der Bäcker kommt.«

Heute würde man ihn wahrscheinlich wegen Ruhestörung anzeigen oder die EU-Kommission würde ihn einsperren lassen, wegen Vogelgrippe.

Sobald ich die Hupe hörte, drängte sich mir eine Frage auf: »Nussecke oder Bärentatze?«

Meist gab es aber nur den einfachen Blechkuchen, da Nussecken und Bärentatzen Einzelanfertigungen waren und der Bäcker das auch beim Preis deutlich machte. Hin und wieder gab es schon auch diese Kostbarkeiten, aber eben nur hin und wieder.

Mama kaufte immer ein Vierpfundbrot, und ich wage an dieser Stelle zu behaupten, dass dieses Vierpfundbrot selbst einen Jochen Malmsheimer vom Pferd geworfen hätte, denn es war ein Mischbrot, wie man es nur selten fand. Wenn es frisch gebacken war, verbreitete es einen so betörenden Duft, dass jede Sachertorte erblasst wäre. Dieses Mischbrot war der Laib des Herrn.

»Bring es in die Speisekammer!«, sprach die Mutter und erzählte sich noch etwas mit unserem Bäcker und unseren Nachbarinnen, während ich den Auftrag erfüllte.

»Den Zuckerkuchen trage ich.«

Das Vierpfundbrot war in weißes Brotpapier eingewickelt, und es war noch warm. Zum Abendbrot würde es kalt sein, und außerdem gab es noch altes Brot. »Schade«, dachte ich und spürte ein Verlangen, das immer stärker wurde. Ich hielt bis zur Speisekammer durch, dann gab es kein Halten mehr. Ich schlug meine Zähne knapp neben dem Knust in die duftende Kruste und genoss die ganze Größe der göttlichen Schlichtheit.

Jetzt lernte ich, was es bedeutete, viele Unbill für seine Lust in Kauf zu nehmen.

Abends am Tisch bekam ich eins an den Jappel, und ich hörte deutlich Mamas Stimme: »Wer nicht hören will, muss fühlen!«

Milchreis

Ich besaß ein Fahrrad der Firma Vaterland. Es war grün und hatte keine Gangschaltung. Wir alle hatten Räder, damit wir nach Bodenwerder in die Badeanstalt, ins Kino oder später auch zur Realschule fahren konnten.

Der Hinweg war problemlos, weil es bis auf die letzten 500 Meter nur bergab ging. Aber zurück waren es eben fünf Kilometer bergauf, wenn man mal von den ersten 500 Metern absah. Manchmal sind wir zusammen gefahren. Auf dem Rückweg haben mich die Blödmänner aber immer abgehängt. Dann musste ich halt allein fahren. Wenn ich mich einsam fühlte, führte ich wie Papa Selbstgespräche oder bekam Wutanfälle. Dann beschimpfte und trat ich das Fahrrad, weil es keine Gangschaltung hatte.

Als ich dann hungrig zu Hause ankam, saßen die anderen schon am Tisch. Es gab aber nie das Problem, dass die besten Stücke schon weg waren. Papa sorgte nicht nur für Musikinstrumente, sondern auch dafür, dass immer genügend gute Stücke da waren.

Einmal hatte eine schlesische Tante sich darüber mokiert, dass die Reberskinder immer »Gute Butter« äßen, wo doch Margarine auch reichen würde. Da ist Papa nach Bodenwerder gefahren, hat eine ganze Aktentasche Butter gekauft und sie vor den Augen der Tante auf den Küchentisch gekippt. Also musste ich keine Angst haben, dass die Geschwister mir alles wegfraßen. Es gab immer

Hier kann man uns sehen. Links Jürgilein, daneben ich und dann der große Hans Günther. Friedlich schauen wir in die Welt, aber der Schein trügt.

gutes Futter, und die Tischordnung garantierte den Familienfrieden.

Als ich wieder einmal eine halbe Stunde später als meine tollen Brüder an den Mittagstisch kam, stand Papa gerade auf, um sich hinzulegen. Der Kopf tat ihm weh. Die Brüder hatten aus irgendwelchen Gründen ihre Plätze getauscht und machten ihre üblichen blöden Bemerkungen über meine Radfahrkünste. Ich fragte: »Mama, darf ich auf Papas Platz?«

»Nööö, da komme ich jetzt hin!«, japste Jürgen und machte Anstalten aufzustehen, aber Mama war schneller. »Ich setz dir gleich was! Du bleibst, wo du bist. Ihr habt schon genug durcheinandergebracht.«

Vielleicht hat Papa Kopfschmerzen bekommen, weil die Brüder die Plätze getauscht haben. Vielleicht wollten sie ihn ja auch ärgern und durcheinanderbringen. Es herrschte angespannte Ruhe. Ich wartete einen Moment und setzte mich dann ans Kopfende auf Papas Stuhl. Papa war ja jetzt weg, und so konnte ich ihn nicht noch mehr durcheinanderbringen.

Auf Papas Platz zu sitzen ist der sehnlichste Wunsch eines jeden Jungen, weil man einen Eindruck von des Vaters Perspektive gewinnt.

An diesem Tag gab es Milchreis. Milchreis ist kein chinesisches Gericht und wird nicht mit Stäbchen gegessen. Milchreis war der Kinder Lieblingsspeise. Papa mochte derlei Gerichte nicht, sodass Mama für den alten Herrn immer irgendeine fettige Alternative bereithielt. Meistens war es irgendwas Fleischiges vom Vortag. Ich war ganz froh, dass Papa nicht mit am Tisch saß, denn er war ein sehr geräuschvoller Esser. Meine Ohren waren damals schon scharf wie die eines Luchses, und anderen beim Essen zuhören zu müssen empfand ich immer schon als mühsam.

Beim Milchreisessen hatte jedes Kind sein eigenes spezielles Ritual. Hans Günther streute sich Zimt und Zucker oben auf die Reisoberfläche und hob dann mit der Gabel vorsichtig ab. Jürgen mischte Zucker und Zimt unter den Reis und aß mit dem Löffel. Mein Ritual war das komplizierteste. Ich streute Zucker und Zimt getrennt und in verschiedenen Schichten auf den Reis. Dann zeichnete ich mit meiner Gabel ein regelmäßiges Muster auf die Oberfläche und wartete ab.

Jürgen war sauer, weil ich auf Papas Platz sitzen durfte, und ich konnte fühlen, dass er etwas ausheckte. Mama fuhrwerkte in ihrem Haushalt herum und wurde ungeduldig. Beim Essen sagte sie immer: »Nun esst! Und wenn ihr streitet, will ich euch nicht mehr sehen!«

Jürgen war ein geschickter Gegner, wenn er etwas im Schilde führte. Günther war keine Gefahr, weil er zumindest diesmal weit genug weg war. Jürgen aber saß neben mir!

Ich wartete darauf, dass die Zucker-Zimt-Mischung komplett mit der Feuchtigkeit vom Milchreis durchzogen war. Das Muster verlor dadurch an Kontur, aber es störte mich nicht.

Es war mucksmäuschenstill, als Jürgen zum Angriff überging. Während Mama mit dem Rücken zu uns stand, nahm er seinen Löffel und wischte über die Oberfläche meines Essens. Das war nur eine kleine Provokation.

»Och Mama ...«, stieß es aus mir hervor, und »ich Mama dir gleich was« kam zurück.

»Iss deinen Reis und mach da nicht so lange rum, und du, Jürgen, lässt deinen Bruder in Ruhe, sonst hau ich dir eine runter!«

Hans Günther freute sich und harrte der Dinge, die da noch kämen. Der Milchreis duftete, und ich zog mit der Gabel kleine dünne Fugen, die ich später vorsichtig mit frischem Zucker-Zimt-Gemisch auffüllen wollte. Dann würde ich langsam von außen nach innen essen und immer den Geschmack von feuchtem Zucker-Zimt und trockenem Zucker-Zimt im Mund spüren und schmecken können. Mein Milchreis und ich.

Als Mama wieder mit dem Rücken zu uns stand, drückte Bruder Jürgen abermals seinen Löffel in meine Kreation. Diesmal aber richtig. Mit zwei, drei Schwenkern machte er aus meinem Teller einen Napf, in dem es zuging wie auf dem Acker. Ich schob meine Oberlippe unter meine Nase, um an ihr zu riechen. Er wollte mich verletzen. Er wollte meine Kreise so lange stören, bis ich jähzornig wurde. Ich aber blieb ganz ruhig. Mama zerschnitt derweil alte Brotrinde und hart gekochte Eier für unsere Hühnerküken. Der Lange, wie wir HG auch nannten, hatte aufgehört zu essen, und Jürgens fettige Haare hingen bedeutungslos am Kopf. Zu diesem Zeitpunkt wusste er noch nicht, dass er in diesem Sommer noch eine Gesichtslähmung bekommen würde. Und wenn ich es gewusst hätte, hätte ich mich gefreut. Auf der Spüle stand ein alter dreckiger Plastikeimer, in dem Essensreste für die Viecher gesammelt wurden. Wir nannten ihn den Sypheimer.

»Lass es sein«, zischte ich. »Ich warne dich!«

Er grinste so blöd er nur konnte und schob seinen Löffel wieder in Richtung meines Tellers. Ich hätte versuchen können, ihn aufzuhalten, aber er war größer und stärker. So aß ich meine zerstörten Träume und spürte, wie die Wut in mir hochkochte. In diesem Augenblick ruhten alle Kriege dieser Welt in meinem Herzen.

»Mama, krieg ich noch was?«

»Bist du immer noch nicht satt? Dann wart es ab, ich muss ihn noch einmal kurz aufkochen lassen.«

Also sprach die Frau Mama. Ich wartete ab, und kurze Zeit später hatte ich eine neue Portion Milchreis, die dampfend vor mir stand. Heiß war der Reis, und die Welt stand still.

»Ooooch Mama, was ist denn das? Kannst du nicht besser aufpassen?«, maulte ich und ergänzte noch ein: »Iiiih.«

Alle schauten zu mir.

»Da ist ja ein Ohrenkneifer im Reis!«

»Zeig mal her«, schmatzte Bruder Jürgen und lehnte sein Gesicht über meinen Teller. Genauso hatte ich mir das vorgestellt, und ehe er sich versah, tunkte ich seine Visage in den heißen Milchreis. Da konnte man aber jemanden brüllen hören.

Gut, so heiß war der Reis nun auch wiederum nicht, aber es reichte, um Bruder Jürgi eine Art Sonnenbrand zu verpassen. Mamas Rache traf mich ohne Umschweife.

»Bist du verrückt? Du Teufel! Das ist doch dein Bruder!«
Dann schlug sie zu. Im folgenden Handgemenge fiel der
Sypheimer mit den Abfällen runter, sodass Mama noch
mal nachlegte. Sie war mit Abstand die Stärkste, und ich
wäre gern gewesen wie sie.

*

Es gab im weiteren Verlauf des jungen Lebens noch einen
weiteren heißen Streit mit Bruder Jürgen, der schnell erzählt ist. Wir saßen zu zweit in der Badewanne und der,
der zuerst ins Wasser ging, konnte an dem Ende sitzen,
wo der Stöpsel eben nicht war. Diesmal hatte ich diesen
begehrenswerten Platz, weil ich einfach als Erster da war.
Ich spielte mit meinem Zahnputzbecher, als Bruder Jürgen dazukam. Mit dem Recht des Stärkeren ramenterte
er so lange, bis er mich von dort verdrängt hatte, und haute mir obendrein seinen blauen Waschlappen ins Gesicht.
Jetzt saß ich wieder auf diesem blöden Stöpsel. Da war ich
natürlich auf Krawall gebürstet und sann auf brüderliche
Rache.
Irgendwann kam Mama ins Bad, um den Wasserhahn auf-
zudrehen, damit ihre Jungs es auch schön warm hatten.
»Steh auf und geh da weg, sonst verbrennst du dir den
Arsch«, sagte Mama. Ich stand auf und wartete, dass sie
den Hahn aufdrehte. Als das heiße Wasser aus dem großen
Kupferkessel floss, nahm ich meinen Zahnputzbecher,
ließ heißes Wasser hineinlaufen und goss es Bruder Jürgen
über den weißen Rücken, der dann schön rot wurde.

An diesem Abend kam im Fernsehen der letzte Teil der Serie *Das Geheimnis der weißen Masken*. Leider durfte ich ihn nicht sehen.

Kleine Verbrechen

Mir wurde immer stärker bewusst, dass sich Mama ein ums andere Mal Sorgen um mich machte und meine Liebe für Taschenmesser und mein Milchreisritual zur zunehmenden Nervosität in der Familie beitrugen. Immer wenn etwas Unverhofftes geschah, fiel der Verdacht auf mich. Die Welt war klein, überschaubar, und es gab eben nicht so viele Kinder, die gern einmal zehn Mark stibitzten.

Im Nachhinein ist das für mich zu verstehen, denn die Erwachsenen hatten einen Krieg überlebt und setzten alles daran, ihr Leben in überschaubaren Bahnen zu führen. Aber darauf konnte ich leider keine Rücksicht nehmen, denn ich musste ja nach meinem eigenen Weg suchen. Deswegen kam ich gern etwas später nach Hause, oder ich setzte mich zu unseren Tieren, um mit ihnen zu reden oder sie zu untersuchen. Einmal habe ich auch mit einem Hammer bei unseren Nachbarn die neue Gartenmauer auf ihre Festigkeit getestet, und es gelang mir, ein Stück aus der Mauer herauszubrechen. Wenn man einen Meißel hineingetrieben hätte, wäre es sogar noch einfacher gewesen.

Wenn also etwas kaputt war, hieß es immer: »Das ist doch klar, wer das war.«

Und meistens stimmte es ja auch. Es waren die kleinen Dinge, die Mama in den Wahnsinn trieben. Ich hatte eine Phase, in der ich mich am liebsten unter dem Tisch aufhielt. Ein guter Ort für kleine bewegliche Menschen. Man konnte Schuhbänder aufmachen und falsch miteinander verknoten. Man konnte das kleine scharfe Küchenmesser mitnehmen und neue Muster ins Linoleum schneiden. Oder unter die Röcke gucken. Das war aber meistens unspektakulär.

Bei den Aufenthalten unter Tisch machte ich irgendwann eine äußerst spannende Entdeckung. Mir fiel auf, dass unsere Ecken nicht wirklich eckig waren. Es lag an der Tapete, die den Stoß der beiden Wände überspannte. Wir hatten meist eine Mustertapete, die mit viel Liebe und handwerklichem Geschick von Maler Lindemann und meinem großen Bruder geklebt wurde. Die Raufasertapete kam erst viel später in unser Haus. Nämlich als die Jungens mit langen Haaren herumliefen und Hosen mit Schlag trugen.

Während die anderen am Tisch saßen, krabbelte ich hinter die Eckbank, kniete mich hin und betrachtete die Tapetenbahn, die mit ihrer eigenen Mitte die Ecke überspannte. Vorsichtig legte ich die rechte Hand auf die eine Wand und die linke auf die andere. Dann glitten meine Handflächen über die Wände, bis zu jener Stelle, an der die Wände endeten und eine neue Welt begann. Die Welt der Ecke.

Die Tapete saß fest und sicher. Hinter dem Papier gab es einen kleinen Hohlraum. Um den ging es mir. Ich legte also meinen Zeigefinger über den Mittelfinger und fühlte mit der Fingerspitze die Spannung. Rund. Es fühlte sich rund an. Und es gab zwei Richtungen. Nach oben und nach unten. Dann erhöhte ich den Druck, und ich hörte ein wundervolles leichtes Reißen. Dieser Ton hat mir eine so unerhörte Freude bereitet, dass ich ganz langsam mit dem Finger bis zum Boden hinunterglitt. Fertig! Ich betrachtete friedlich mein Werk und wusste, dass man auch als kleiner Mensch viel erreichen kann.

Als ich abends im Bett lag, hatte ich bis zum Einschlafen dieses kleine Erlebnis bei mir. Ich konnte mich detailgenau an jede einzelne Mikrosekunde dieser Aktion erinnern und war hoch zufrieden. Als mir die Augen zufielen, wusste ich, dass noch viel Arbeit auf mich warten würde.

In den kommenden Monaten erkundete ich sämtliche Wände auf die Beschaffenheit der Ecken. Anfangs fielen dieser Beschäftigung lediglich diejenigen zum Opfer, die nicht weiter beachtet wurden. Also der halbe Meter über der Fußleiste und die Ecken, in denen Möbel oder Blumentöpfe standen. Später begab ich mich mit meinen befreundeten Wänden auf Augenhöhe, und so verging die Zeit.

»Nun sagt doch mal, wer macht denn so was?«, fragte Mama irgendwann einmal beim Abendbrot. Ich wusste sofort, was sie meinte und schwieg. Der Verdacht fiel natürlich auf Mausi. Mausi war auch oft unten auf dem Fußboden, und merkwürdige Eigenschaften hatte sie auch. Allein dass sie immer die Teelöffelchen verschleppte oder Mamas Brille versteckte, wenn die nicht dort lag, wo sie liegen sollte. Mausi war sehr ordentlich, und es war ihr durchaus zuzutrauen, dass sie der geheimnisvolle Tapetenschlitzer war. Ich hatte zwar ein bisschen ein schlechtes Gewissen, aber schließlich bestand meine Schuld lediglich darin, Mausi nicht entlastet zu haben. Außerdem wusste ich, dass sie keine Prügel bezogen hätte. Ich schon. Also ließ ich die Sache auf sich beruhen.

»Na ja, egal. Wir müssen sowieso neu tapezieren«, eröffnete uns Mama noch beim selben Abendessen.

Ich dachte darüber nach, was sich jetzt alles verändern würde. Bislang hatte ich ja nur alte Tapeten geschlitzt, doch jetzt würde es auch mal frische geben. Ich malte mir aus, wie es sich anfühlen würde, eine frisch geklebte Tapete umzugestalten. In anderen Häusern habe ich so was übrigens nie getan. Nur bei mir zu Hause verspürte ich diesen mächtigen Drang zu räumlicher Gestaltung. Heute würde man sagen: Kreation durch Destruktion.

Diesmal kam nicht Maler Lindemann, sondern Maler Kniffka und rührte den Leim an. Noch während er dabei war, sagte Mama: »Oder sollen wir die alten Tapeten schnell noch runterreißen?«

»Besser ist es!«, sprach der Malermeister mit der Pfeife im Mundwinkel. »Besser ist es!«

Wer jetzt bei drei nicht auf den Bäumen war, wurde in die Wohnstube abkommandiert. So auch ich. Natürlich hatte ich die Einzigartigkeit der Situation sofort erfasst.

»Ich mache die Ecken!«, rief ich und begann mein filigranes Handwerk. Jetzt konnte ich mit dem Segen der Frau Mama mein Werk vollenden. Mit größtmöglicher Hingabe drückte ich meine Finger in die gespannte Tapete und legte die Ecke frei.

Kniffka fiel auf, mit welcher Präzision ich mein Werk vorantrieb. Er sagte zu mir irgendetwas von: »Gut so, Junge! Gut so!« Und dann wandte er sich an Mama: »Ihr Junge ist ja ein ganz Genauer! Aus dem wird mal was!«

Nachdem ich alle Ecken in meinem Sinne optimiert hatte, nahm ich mir den Spachtel und schob ihn in die Fugen, die sich an den Stößen bildeten. Auch das machte Spaß. Mit den Flächen hatte ich es nicht so. Zumal es hier auch schon mal mühsam werden konnte. Ich hatte es nicht so mit mühsam, darum habe ich absichtlich ziemlich kräftig in den Putz gehackt, sodass Kniffka sagte: »Das lass mich mal machen! Oder deinen großen Bruder.«

So war das.

Als dann am Nachmittag die neue Tapete aufgeklebt wurde, konnte ich beobachten, mit welcher Genauigkeit Meister Kniffka vorging. Er ließ die Tapeten in der Ecke so aufeinanderstoßen, dass es kaum nötig war, die entstehende Naht wieder zu öffnen. Es entstand nahezu ein rechter Winkel. Und da ich jetzt wusste, wie es um die Tapete als solcher stand, ließ ich die Ecken Ecken sein und widmete mich anderen Aufgaben.

*

Nachdem das Wohnzimmer neu eingekleidet war, bekamen wir einen neuen Teppichboden und zum folgenden Weihnachtsfest einen neuen Tisch, dessen Höhe man mit einer Kurbel verändern konnte. Zum Glück bekam ich zum selben Weihnachtsfest einen kleinen Werkzeugkasten, wie ihn eben Kinder in meinem Alter bekamen. Hämmerchen, Sägelein und Bohrmaschine mit 3,2-er Holzbohrer. Das passte, denn der Tisch war ja aus Holz. Da stand er nun, und das Familienglück war groß. Die Tischplatte erinnerte mich irgendwie an »edle Tropfen in Nuss«, und Mama legte eine Tischdecke mit Kunststoffbeschichtung darüber, damit die Oberfläche geschont wurde.

»Herrlich. Dieser Glanz!«, schwärmte sie, während der Kunststoff das Holz verschluckte und Papa schon mal die Gläser und seinen großen Aschenbecher platzierte. Ich wusste gar nicht, welchen Glanz Mama meinte. Den der Tischdecke oder den des Tisches? Aber egal. »Frohes Fest!«

Der Tisch, ich habe ihn zunächst von unten kennengelernt, hatte zwei T-Füße, wobei das T auf den Kopf zu stellen wäre. Die Tischplatte war über eine einfache Mechanik mit den Füßen verbunden, und als Papa meiner Mutter und den anwesenden Gästen die Eigenschaften eines in der Höhe verstellbaren Tisches demonstrierte, konnte ich sehen, dass es sich auf jeder Kopfseite des Tisches um jeweils zwei Metallröhren handelte, die durch einen Hubmechanismus in der Höhe verstellbar waren. Toll.

Die Metallröhren waren in die Holzfüße eingelassen und bildeten somit die optimale Einheit von Funktion und Form. Während oben auf dem Tisch Weihnachten gefeiert wurde, machte ich mich unten an die Arbeit.

Der Tisch kam aus einem Möbelhaus, das weiter weg lag. Es konnte sich also nicht um etwas qualitativ Hochwertiges handeln. Zu dieser Zeit gab es in unserer Gemeinde zwei Schreinereien, die gute Arbeit leisten mussten, weil ihre Kunden aus der direkten Nachbarschaft stammten. Da kann man es sich nicht erlauben, irgendwelchen Pfusch abzuliefern oder die Leute sogar zu betrügen. Ich hatte schon als Kind den Verdacht, dass es einen Zusammenhang zwischen Entfernung und Betrug gibt. Deshalb kaufe ich bis heute nix im Internet. Schon gar keine neuen Tische mit moderner Technik.

Meine Bohrungen ergaben sehr schnell, dass es sich nicht um Massivholz handelte, sondern um furnierte Spanplatte. So etwas erkennt man an den Spänen, die aus dem Bohrloch herauskommen. Die Verschraubungen der eigentlichen Konstruktion ließen sich anstrengungslos von einem Kind lösen und die geklammerten Zierleisten an den Seiten mit einem Schraubenzieher herausbrechen. Der Tisch war nicht gut.

Als mein Gesellenstück entdeckt wurde, habe ich von Mama Haue gekriegt, und der Werkzeugkasten wurde bis auf Weiteres beschlagnahmt. Als sich Papa allerdings den Tisch genauer betrachtete, sah er mich an, ohne böse zu sein. Er wusste, dass ich Recht hatte. Aber geholfen hat er mir nicht.

Aus Rache habe ich dann im Keller einige Einweckgläser sabotiert, in denen die eingekochten Schnippelbohnen darauf warteten, geöffnet zu werden. Ich habe sie dann eben leider vor der eigentlichen Zeit geöffnet. Aber nur ein bisschen, damit Luft ins Glas gelangen und der Schimmel sein Werk beginnen konnte.

Das habe ich nur einmal gemacht. Und natürlich hat sich Mama darüber geärgert, dass die Schnippelbohnen vergammelten. Über den Tisch haben die Eltern sich allerdings viel länger geärgert.

*

Bestimmte Dinge vergisst man mit der Zeit, und andere kommen erst gar nicht heraus.

Zum Beispiel wollte mir Papa nichts vom Krieg erzählen. So habe ich mir immer vorzustellen versucht, wie es ihm wohl ergangen ist. Was die Gefangenschaft betraf, war er gesprächiger. Er erzählte mir, dass die Amerikaner Dackeln und Promenadenmischungen Orden wie das Eiserne Kreuz oder Ritterkreuz mit Eichenlaub, Schwertern und Brillanten umgehängt haben. Dann haben sie die Dackel mit den Auszeichnungen vor die Zellen der deutschen Offiziere gesetzt, um sie zu demütigen. Das fand ich sehr lustig. Aber von seiner Verwundung wollte er nichts erzählen. Also musste ich versuchen, mir vorzustellen, was geschehen war, und spielte das Unternehmen Barbarossa mit meinem Kriegsspielzeug nach.

Ich stellte mir vor, wie er über das Feld rennt, die Granate einschlägt und er von den Beinen gerissen wird.

»Kadusch! Wusch!«

»AAAAhhhrghhh!«

Ich stellte mir vor, wie Kameraden ihn unter MG-Feuer zurück in den Graben zogen und er blutüberströmt im Dreck lag.

»Rattattattatta!«

»In Deckung!«

Er war bewusstlos. Die eine Hand, ich glaube die rechte, wurde ebenfalls von einem Schrapnell erwischt. Die Finger hingen halb abgerissen an den Sehnen. Wo war sein Helm? Hatte er ihn verloren? Konnte es sein, dass der Granatsplitter den Stahlhelm durchschlagen hatte? Oder war er verrutscht, weil er ihn wieder nicht anständig festgebunden hatte? Oder trug er gar keinen? Vielleicht sagte einer der Sanitäter: »Schnell verbinden. Das ist nur oberflächlich! Wir müssen die Hand retten!«

Na klar, die Verletzung an der Hand war deutlich erkennbar, insofern kann man den Sanitätern vor Ort keinen Vorwurf machen. Im Krieg ist immer wahnsinnig viel los. Auch den Russen kann man keinen Vorwurf machen, denn es ging ihnen nicht um Papa persönlich, sondern darum, dass Papa und seine Leute dort nix zu suchen hatten. Erst später in einem Krankenhaus erkannte man, dass operiert werden musste, weil ein Granatsplitter die Schädeldecke durchdrungen hatte, dass aber eine Operation das Risiko seines Todes barg. Also ließ man ihn drin. Manche gingen davon aus, dass der Splitter zu wandern beginnen würde. Andere prophezeiten, dass er rosten könnte, und dann Blutvergiftung, und dann tot. Tot irgendwie in jedem Fall. Aber Papas Kopf hat etwas völlig anderes getan. Das Gehirn hat den Splitter verkapselt, und Papa wurde 78 Jahre alt.

Und, was soll ich sagen? Die meiste Zeit ging es ihm gut. Er hatte seine Zigarren, seinen Betonmischer, und wenn er Hilfe brauchte, konnte er zu Dr. Bunnemann.

Weihnachten

So verging wieder einmal ein Herbst, und die Adventszeit kam. Das war jedes Jahr so. Mama freute sich im Stillen auf das »Eduscho«-Paket, und wir probten für das Krippenspiel, mein erstes Krippenspiel. Ich war als Herold besetzt, musste also nicht viel Text lernen.

Ich sagte: »Cyrenius, den Gruß zuvor, ein Kaiserbote steht am Tor!«

Das war es. Bruder Jürgen gab den Josef, Karla Meier die Maria und Bruder Hans Günther die Heiligen Drei Könige. Es sollte ein schönes Krippenspiel werden. Die Uraufführung fand in einer der großen Scheunen auf dem Gutshof statt. Im Stall standen lebendige Tiere, und die Zuschauer saßen auf Strohballen.

Während der Aufführung zündete Karla Meiers kleiner Bruder plötzlich ein Streichholz an. Nur so zum Spaß natürlich, aber es reichte, um von Kicki eine Ohrfeige zu bekommen. Es gibt eben immer wieder Ideen, die nicht allen gefallen. Mich beruhigte nur die Tatsache, dass ich es dieses Mal nicht war.

*

Leider trübte sich ab Nikolaus Vaters Laune ein. Manchmal fasste er sich an den Kopf und schaute traurig übers Land. Adventszeit war Bestellzeit. Es war eben nicht nur

das »Eduscho«-Paket. Mama bestellte gern bei Neckermann und Quelle, und Papa fürchtete sich vor den Quel-
le-Paketen, die unseren Hauseingang verstopfen würden.
Vor seinem inneren Auge sah er die nachfolgenden Um-
tauschaktionen, weil nichts in der richtigen Größe geschickt werden würde.

»Nichts als Ärger!«, schimpfte er dann immer und schob
gern ein kleines »Russki Popolski!« nach.

Er war beim Shoppen von einem anderen Schlag als
Mama, und ich sollte im Laufe meines Lebens feststellen,
dass ich ihm in diesem Punkt ähnelte.

Wenn er etwas zum Anziehen brauchte, betrat er entweder das Textilhaus Geitel oder das Textilhaus Ritterbusch
in Bodenwerder und fragte nach der Geschäftsführung
oder der Abteilungsleiterin. Dann trug er seine Wünsche
vor, ließ sich kurz beraten, und nach einer Viertelstunde
war alles erledigt. Der Betrag wurde überwiesen. Fertig!
Diese Einstellung hatte etwas Hanseatisches, etwas Welt-
männisches, und das gefiel mir.

Ich will nicht sagen, dass ich als Kind ein ausgeprägtes
Modebewusstsein hatte oder ein Textiljunkie war, aber
ich erkannte sofort, ob eine Hose saß oder nicht. Außerdem war das Angebot überschaubar, was an der Struktur
des ländlichen Einzelhandels lag. Und abgesehen davon
war ich wegen der größeren Brüder, deren Kleidung ich
auftragen musste, sowieso immer der Letzte auf dem Cat-
walk der Provinz.

In Kirchbrak gab es zwei Modegeschäfte. Das von Frau
Schatz und das Textilhaus Haller, wo auch geheißmangelt

wurde. Haller hatte sogar noch eine Filiale im Nachbardorf Halle, für die es sogar eine eigene Werbung gab. Sie ging so:

Mode für alle.
Bei Haller in Halle!

Dort ging aber keiner von uns hin, da es früher noch diese gesunde Ablehnung des Fremden gab. Und das Fremde begann hinterm Berg. Und Halle war hinterm Berg. Irgendwie sah man in Halle auch anders aus als bei uns.
Ich dichtete eine eigene Werbung für unser Textilhaus, um die Menschen anzusprechen.
Sie ging so:

Modern und schick an jedem Tag.
Textilhaus Haller in Kirchbrak!

Ich erinnere mich noch gut, dass in der Adventszeit in Hallers Schaufenster eine Hemd-Pollunder-Kombination auslag. Der Zeitpunkt war perfekt gewählt, denn die Menschen waren offen für Innovationen und neue Ideen. Aufbruchstimmung lag in der Luft und die ansprechende Kombination im Fenster.
Das Hemd hatte eine kräftige Grundfarbe, die dann mit in zurückgenommenen Komplementärfarben gehaltenen Karos überzogen war. Ergänzt wurde das farbenprächtige Spektakel durch den Pollunder, der wiederum die Komplementärfarbe betonte und die Grundfarbe lediglich an

Kragen und Schultern dezent zitierte. Ein echter Hingucker.

Am ersten Weihnachtstag saßen dann an jeder Kaffeetafel karierte Kinder, karierte Erwachsene, karierte Opas und pollunderte Behinderte. Auch meine Brüder und ich waren kariert. Hans Günther blau, Jürgen gelb und ich grün. Da ich nach wie vor der Kleinste war, wusste ich, wie ich die nächsten Jahre rumlaufen würde.

*

Papa kaufte sich in diesem Jahr anlässlich des frohen Festes die berühmte »Stresemannhose«, mit der er in den folgenden Jahren seine Mitbürger beeindrucken sollte. Eigentlich handelte es sich hierbei um einen nach Gustav Stresemann benannten Anzug, den man nur bis 17 Uhr trug und mit verschiedenen dunklen Westen und Krawatten kombinieren musste. Eigentlich ein hochbürokratisches Kleidungsstück. Papa war aber im Innern ein Mensch, der sich nicht unbedingt an solche Regeln hielt. Also kaufte er sich nur die gestreifte Hose, kombinierte sie mit allem, was er hatte, und trug sie auch nach 17 Uhr. Er trug sie auch beim Hühnerfüttern, bei Kutschfahrten oder wenn er mal schnell etwas betonieren musste. Auch Mama mochte diese vornehme Hose, die andere bei Beerdigungen oder Staatsempfängen trugen. Sie hätte sich nur gewünscht, dass Papa sich zum Arbeiten umgezogen hätte. Aber er war eben dieser Allrounder, der stets direkt und ohne Umschweife loslegte.

Dennoch, Papa hatte dadurch immer etwas von einem Staatsmann. Er trug gerne lange Mäntel und Hut und führte immer Aktentasche und Stock mit sich. Die Zigarre kündigte in dicken Rauchschwaden seine Ankunft an, und Bruder Jürgen dachte immer an die großen alten Lokomotiven der Western Union, wenn unser Vater würdevoll über den Brakweg schritt. Das alles hatte immer etwas Protokollarisches. Selbst wenn Vater eine Schubkarre vor sich herschob, auf der er in großen Eimern die Essensreste von Muskeluschi transportierte, die er sonntags an die Schweine verfütterte. Denn die Stresemannhose war immer dabei.

*

Wenn ich eine neue Hose brauchte und es danach aussah, dass ich nichts von meinen großen Brüdern auftragen konnte, fragte ich lieber Papa als Mama. Nicht weil ich auch eine Stresemannhose wollte, sondern weil Mama dann sagte, sie würde bald »bestellen« und ich könnte ja mal im Katalog nachschauen. Quelle- und Neckermann-Katalog gehörten bisweilen zur Hauptlektüre unserer Familie. Man sah, was es alles gab, und wusste gleichzeitig, dass vieles in unerreichbarer Ferne blieb, weil es zu teuer war. Viel Spaß machte es, sich mit der Kollektion der Damenunterwäsche zu beschäftigen. Da sah man dann dieselben Klassiker, die mittwochs auf der Wäscheleine hingen. Es gab auch einen Hauch von Erotik oder Ferkelkram, wie es Vater ausdrückte. In besonderer Erinnerung ist mir die »Büstenhebe« von Neckermann geblieben. Das Interessante war, dass man die Brustwarzen der Frau sehen konnte. Deshalb war sie auch etwas teurer. Wenn man dann auf die Seiten mit Kinderbekleidung blätterte, war alles nur noch pflegeleicht, robust und günstig.

Aber ich wollte keine Hosen von Neckermann oder Quelle mehr, sondern das, was man eine echte »Texashose« oder Jeans oder sogar Bluejeans nannte. Papa mochte diese Hosen nicht sonderlich und nannte sie »Dutschkehosen«. Ich sollte aber trotzdem meine Chance bekommen. Alles deutete darauf hin: Bald würde es Ferien geben. Weihnachtsferien. Bei den Proben zum Krippenspiel gab es erste Teildurchläufe und die ersten Kostüme. Sie waren großartig. Die Engel trugen weiße Nachthemden, und den Hirten wurden aufgeschnittene Kartoffelsäcke über den Kopf gezogen. Strick als Gürtel. Fertig.

Auch im Dorf wurde es weihnachtlich. Die Posttasche von Frau Pape wurde immer dicker und schwerer. Der Geruch nach heißgemangelter Wäsche zog durch die Täler, und Mama musste plötzlich für ein paar Tage ins Krankenhaus, weil wieder etwas operiert werden musste. Zum Heiligen Abend sollte sie aber wieder bei uns sein. Bis dahin übernahm, wie so oft, Tante Inge aus Schlesien die Prokura über die Familie. Dadurch, dass sie in der oberen Etage unseres Langhauses wohnte, war es die beste Lösung.

Mama musste damals oft ins Krankenhaus zu Dr. Fleischmann, der sie dann operierte. Ich wusste nicht, was ich davon halten sollte, denn niemand sagte mir etwas. Sobald Mama eingeliefert war, wurden die Kinder auf verschiedene Familien verteilt, und Papa warf den Betonmischer an. Irgendwann später hat Mama mir einmal gesagt: »Im Krankenhaus hatte ich wenigstens meine Ruhe vor euch.«

Dieses Mal wurden wir nicht umverteilt, sondern Tante Inge kam ins Haus. Sie versprach, genaueste Berichte an Mama weiterzuleiten, falls wir Kinder über die Stränge schlagen sollten. Wir alle waren sehr nervös. Erschwerend kam hinzu, dass Schwester Mausi in dieser Zeit die Angewohnheit hatte, sich ständig zu verstecken, und immerwährend gesucht werden musste. Das erledigte oft Schwester Almuth, bis die sich entschloss, sich mit Mausi gemeinsam zu verstecken. Dadurch stieg die Nervosität. Tante Inge hatte die Situation zwar zunächst noch gut im Griff, aber dann kamen die ersten Pakete.

Meine Hose war zu groß, Papas Hemden waren zu klein, und die Socken waren gar nicht mitgekommen. Papa bekam Wutanfälle, weil er gegen die Zusammenarbeit mit Versandhäusern war und sich wieder einmal bestätigt fühlte. Nun war die Ware aber bestellt, und blau leuchteten die Pappkartons der Firma Quelle. Am nächsten Tag kam dann endlich das »Eduscho«-Paket mit den Nusssplittern und den Mohrenköpfen. Allein der betörende Duft trieb uns Kinder in den Wahnsinn. Bruder Jürgen wirkte hochkonzentriert, schlich ständig durchs Haus und wurde immer öfter in der Nähe des Paketes gesichtet. In diesem Durcheinander sagte ich meinem Vater, dass ich eine neue Hose bräuchte und dass es gut wäre, einmal nach Bodenwerder zu fahren. Geschickt argumentierte ich, dass man in einem richtigen Geschäft anprobieren könnte und es auch Beratung gäbe. Natürlich wusste ich, dass Papa auch sonst gerne nach Bodenwerder fuhr, um bei Tante Lieschen im Gasthaus Ochsenschwanzsuppe zu essen und Bier zu trinken. Mama schimpfte zwar immer, dass er die Rente durchbringen und wir irgendwann vor dem Nichts stehen würden. Den Gedanken, ihm dabei zu helfen, die Rente durchzubringen, fand ich damals gar nicht so abwegig. Zwar trank ich noch kein Bier, mochte aber Ochsenschwanzsuppe und Brause.

Als Tante Inge irgendwann fragte, wer das »Eduscho«-Paket aufgemacht hat, war es dann endlich so weit. Den anstehenden Ärger erahnend, machte sich mein Vater mit mir per Anhalter auf den Weg in die Modehäuser unserer berühmten Münchhausenstadt. Endlich!

*

Papa war in der Geschäftswelt ein gerngesehener Mann. Hut, Gehstock und Aktentasche taten ihr Übriges. Ich schlug ihm das Textilhaus Ritterbusch vor. Im Textilhaus Ritterbusch arbeitete seinerzeit die Gattin eines guten Freundes unserer Familie, Frau Waas. Entsprechend freundlich wurden wir begrüßt: »Guten Tag, Herr Rebers. Guten Tag, Andreas.«

»Guten Tag, Frau Waas.«

»Wie kann ich Ihnen helfen?«

»Der Junge braucht eine anständige Hose. Auf Rechnung.«

So sprach der Vater und ging anschließend zu Tante Lieschen, um sich eine Zigarre anzuzünden. Er hätte auch bei Ritterbusch geraucht, aber da gab es leider keine Aschenbecher.

»Was soll es denn sein?«, fragte Frau Waas, und ich antwortete: »Eine Texashose. So eine, die es nicht bei Haller oder Quelle gibt.«

Eine geschickte Antwort. Ich versprach mir davon ein positives Verkaufsklima, da ich Frau Waas mit meiner Antwort das Gefühl gab, dass sie und ihre Klamotten in einer anderen Liga spielten. Ich konnte mich immer schon sehr gut in die Bedürfnisse anderer Menschen hineinversetzen, und so gingen wir ins Allerheiligste des Textilhauses Ritterbusch, und schon am Geruch erkannte ich, wo das Objekt meiner Begierde hing.

»Die mit dem W«, sagte ich, und Frau Waas nahm Maß.

Es war das erste Mal, dass mir etwas passte. Ich hätte sie gern gleich anbehalten, aber sie sollte unter dem Christbaum liegen. Also wurde sie schön eingepackt, und zur Feier des Tages gab es noch eine Ochsenschwanzsuppe und eine Bockwurst. Das sind so diese Tage, die man nicht so schnell vergisst, vor allem, wenn man nicht mehr an den Weihnachtsmann, sondern an seine eigenen Möglichkeiten glaubt. Umso größer war dann natürlich die Enttäuschung, als Mama am Heiligen Abend die Hose mit der Begründung einkassierte, dass ich zu schnell aus ihr herauswachsen würde und wir sie zwei Nummern größer nehmen müssten. Umtauschen bei Ritterbusch war im Vergleich zu Quelle natürlich ein Kinderspiel. Nur dass ich nicht mitdurfte.

Die Stimmung kippte. Meine tollen Brüder bekamen zu diesem hohen Feiertag übrigens Kunstlederjacken mit goldenen Reißverschlüssen, und von den fehlenden Nusssplittern war überhaupt keine Rede mehr. Der Verlust der Hose und der Neid auf die Kunstlederjacken ließen mir keine andere Wahl, und so stand ich mitten in der Nacht auf, nahm das kleine scharfe Küchenmesser und schnitt bei dem, der die Nusssplitter auf dem Gewissen hatte, einen schönen rechten Winkel ins Kunstleder.

Die Strafe nahm ich mit gewohnter Routine und Tapferkeit hin. Jürgilein bekam als Ersatz einen Parka und ich die kaputtgeschnittene Kunstlederjacke, denn weggeschmissen wurde ja nix.

Nachdem am ersten Weihnachtstag klar wurde, dass auch die Wrangler-Jeans umgetauscht würde, wusste ich, dass ich nun zwei Jahre Zeit hätte, um in die Klamotten hineinzuwachsen. Von der Hemd-Pollunder-Kombination einmal ganz zu schweigen. Aber was ich fast vergessen hätte: Unter demselben Weihnachtsbaum stand neben meiner Texashose und den Kunstlederjacken auch ein kleines rotes Akkordeon.

»Gesegnete Weihnacht und viele schöne Stunden mit dem Hohner Student 40. Euer Onkel Berti«

Hans Günther bekam im nächsten Jahr Akkordeon-Unterricht nach Noten. Als es endlich wieder Weihnachten wurde, bekam Jürgen eine Gitarre und im Jahr darauf Hans Günther ein größeres Akkordeon, weil er so viel gelernt hatte und so gewachsen war, eine Hohner Atlantic, wie sie auch Onkel Johann spielte. Und jetzt, wo mir gerade Lederjacke und Jeans endlich passten, bekam ich das kleine Akkordeon. Zum Auftragen praktisch. Trotzdem war ich glücklich.

Dr. Bunnemann

Weihnachten war immer schön und süß. Einmal hatte ich so unglaublich viele Dominosteine gegessen, dass ich krank wurde. Ich hatte Bauchschmerzen und Verstopfung. Ich sagte zu Mama: »Ich bin krank, ich muss zu Dr. Bunnemann.«

Aber Mama schepperte nur: »Ach was, wegen so was geht man nicht zum Arzt. Du bekommst Rhizinus-Öl. Wenn das nicht hilft, können wir immer noch zu Dr. Bunnemann gehen.«

Es half. Schon nach kurzer Zeit spürte ich die Wirkung. Das Klo sah furchtbar aus. Und ich war froh, dass ich diesen Anblick Dr. Bunnemann ersparen konnte.

Dr. Bunnemann war ein guter Arzt, und wenn er frei hatte und wir alle gesund waren, spielte er Tennis. Er hatte einen Mercedes und war praktisch immer in Weiß gekleidet. Seine Frau war blond und schön und groß und auch in Weiß gekleidet und spielte auch Tennis.

Das Wartezimmer seiner Praxis war immer voll, und man musste lange warten, bis man drankam. Aber Dr. Bunnemann hatte seinen Mercedes auch, um zu uns nach Hause zu kommen. Denn er war ja auch ein Hausarzt. Je nachdem wie schwer jemand von uns erkrankt war, kam er zu uns oder wir fuhren zu ihm.

Gekommen ist er zum Beispiel, wenn Papa umgekippt war oder wenn gestorben wurde. Dann stellte er den

Totenschein aus, und der Leichenwagen kam, um den Toten abzuholen.

Ich erinnere mich. Einmal nahm mich Mama mit in seine Praxis, weil mit meinem Pietz etwas nicht in Ordnung war. Die Vorhaut war wohl zu eng, sodass ich ständig eine rote Nülle hatte. Dann wurde Kamillentee gekocht, den Mama in einer Tasse abkühlen ließ, und ich hing meinen kleinen Kollegen hinein, auf dass er genese. Es war eine normale Trinktasse, die anschließend flugs gereinigt und zurück zu den anderen Tassen in den Schrank gestellt wurde, wo sie dann vielleicht irgendwelche Schweinereien erzählte. Zum Frühstück stand sie jedenfalls wieder auf dem Küchentisch. Was diese Dinge betraf, ging es ziemlich unbedarft bei uns zu. Die sexuelle Aufklärung ergab sich relativ unspektakulär und situativ. Wenn man zufällig einmal den Tieren bei der Paarung zuschaute, bekam man recht schnell eine Vorstellung, die sich auf Menschen übertragen ließ. Nur dass die Tiere sich nicht küssten und nur eine Position beherrschten. So weit war also alles klar, und der Rest würde sich dann irgendwann einfach von allein ergeben.

Ich glaube, dass wir die Sommermonate überwiegend nackt unterwegs waren und unsere Unschuld einfach für sich sprach. Außerdem hatte Mama weniger Wäsche zu waschen. Irgendwann später ist mir aufgefallen, dass Donald Duck untenrum auch nichts anhatte, außer wenn er schwimmen ging. Dann zog er sich eine Badehose über, um seinen Pürzel zu bedecken. Ich hielt diese Verhaltensweise für etwas Uramerikanisches, dachte mir aber nichts Besonderes dabei.

*

Ich bekam irgendwann, ich denke, es muss das Jahr 1967 gewesen sein, zu meinem Geburtstag das »Fort Laramie« geschenkt. Es war aus braunem Plastik und bestand aus vier Wänden, die mit Schießscharten versehen waren, vier Türmen und einem Tor, das man öffnen und schließen konnte. Dazu gehörten diverse Cowboys, Soldaten und Indianer.

Ich war ein großer Spieler und konnte mich über Stunden in meinen erdachten Welten verlieren. Ich baute das Fort am liebsten draußen auf, und so stand es eben wie im richtigen Leben in einer richtigen Welt aus Natur. Bei Regen habe ich natürlich drinnen gespielt.

Ich spielte wie die anderen Kinder, die Burgen oder Forts hatten, Belagerungen, Angriffe und Schlachten, aber ich spielte auch jede Menge Liebesszenen und Familientragödien. Es gab behinderte Typen, krankes Vieh, und es gab auch Figuren, die nur ich allein hatte und die ich streng geheim hielt.

Zum Beispiel gab es einen Soldaten, dem ich nach einem Zweikampf mit dem Schut ein Bein amputieren musste. Das machte ich mit Mamas kleinem Küchenmesser. Von da an war er schwerbehindert und wurde nur noch zu speziellen Einsätzen aus dem Fort gelassen. Ich nannte ihn Schubiak, weil er ein extrem böser Charakter war und sich auf die Kunst des Verrats verstand. Wenn es Schlachten mit den Indianern gab, hatte immer er die entscheidende Idee, die die Indianer am Ende in die ewigen Jagdgründe brachte. Auch wenn ich mir ein anderes Ende gewünscht habe, es kam immer, wie es kommen musste, und Schubiak triumphierte.

Manchmal fragte mich Mama: »Was ist denn mit dir los? Warum bist du denn so traurig?«

Und ich musste ihr sagen: »Die Indianer haben den Krieg verloren!«

»Dann müssen sie sich eben besser anstrengen! Hauptsache, du räumst die kleinen Dinger wieder weg. Nicht dass Mausi noch einen verschluckt!« Das sagte die Frau Mama und ging ihrer Wege.

*

Ich wusste aus dem Schweinestall, was Tiere machen, wenn sie sich paaren. Eine Zeitlang hatte Papa ungarische Lockenschweine, die sich ständig paarten. Wenn man sie rasiert hätte, hätte man sehen können, dass sie dem Menschen nicht unähnlich waren. Allerdings kannten sie nur eine einzige Paarungsposition, und sie konnten sich mit ihren Pfötchen nicht sanft über das Gesicht streicheln. Geschweige denn küssen. Aber das Grundprinzip war mir klar. Und so brachte ich eine neue Dimension in meine Indianerkriege.

Irgendwann einmal betrachtete ich den Häuptling der notorisch verlierenden Indianer, und ich beschloss, ihn »Nackter Lulu« zu nennen. Er sah auch irgendwie so aus. Die Farbe passte, die Größe passte, und dass er eine Streitaxt in der Hand hatte, störte mich nicht.

Dann schenkte ich ihm eine Squaw und nannte sie »Nackte Omazeit«. Sie war die Schwester des Medizinmanns, dem ich den wunderbaren Namen »Nacku Nacku« gab. Er trug einen Lendenschurz und hielt ein Bowiemesser in seiner rechten Hand. Er verfügte über überirdisches Wissen und, und das war der Clou an dieser Konstellation, er beherrschte diverse Fruchtbarkeitszauber, die sich in meiner Welt als entscheidend für die nächsten Indianerkriege herausstellen sollten.

Die Namen meiner Helden waren natürlich streng geheim, und ich versprach mir, sie niemandem zu verraten. Abgesehen von meinem besten Freund Wolfgang. Er würde dicht halten. Das war klar. Nacku Nacku wurde mein Lieblingsindianer und engster Mitarbeiter der Prärie.

Immer wenn es jetzt auf dem Schlachtfeld eng für die Indianer wurde, ließ ich Nackter Lulu und seine Frau ficken, und die Vermehrung erfolgte im selben Augenblick, denn für lange Schwangerschaften hatte ich in solch kritischen Situationen keine Zeit. Nacku Nacku tanzte dazu einen Spezialtanz, und sofort überschwemmten Tausende von kleinen Lulus die feindlichen Heerscharen.

In meiner Phantasie sahen sie aus wie Wiener Würstel mit Armen, Beinen und einem freundlichen Gesicht. Von der Stelle aus, an der mein Indianerpärchen von mir eindrucksvoll in Szene gesetzt worden war, breitete sich nunmehr eine Flut von kleinen tobenden Lulus aus, die dann die Schlacht im letzten Moment herumrissen und das Gute, das sie repräsentierten, vor dem Untergang bewahrten.

In der Spielpraxis lief es so, dass ich mit meinen sich bewegenden Fingern durch die feindlichen Reihen wuselte und die Soldaten in die Flucht schlug. Dabei rief ich laut: »Wuschi Wuschi!«

Als Letztes ging es dann Schubiak ans Leder. Die Lulus rannten und tobten so oft über ihn drüber, bis er einfach platt war.

Zur Belohnung durften dann Nackter Lulu, Nackte Omazeit und Nacku Nacku mit in meinem Bett schlafen und mit mir und meinem Lümmel spielen.

*

Aber nun zurück zu Dr. Bunnemann. Seine Praxis bestand aus drei Räumen. Wartezimmer, Büro und Behandlungsraum. Das Büro war dunkel und rustikal eingerichtet. Dicke Holzmöbel, tiefe Schränke und ein Eichenschreibtisch, auf dem ein riesiger Aschenbecher stand. Dr. Bunnemann war der einzige Arzt, den ich in meinem ganzen Leben kennengelernt habe, der in seiner Praxis Zigarre rauchte. Dicke Schwaden hingen im Zimmer, und man brauchte gute Augen, wenn man etwas erkennen wollte.

Im Wartezimmer gab es nur Stühle und ein paar Zeitschriften und natürlich Kranke. Mama und ich saßen mit den vielen Leuten aus den umliegenden Dörfern herum und warteten. Ich hatte zum Glück ein dickes Micky-Maus-Taschenbuch dabei und las. Am liebsten mochte ich die Geräusche.

»Wusch ... smack ... kaplonk!«

So las ich, und Mama stieß mich manchmal an und deutete an, dass ich zu laut wäre. Als das Heft ausgelesen war, las ich es noch einmal, und dann waren wir dran.

Dr. Bunnemann hatte weiße Locken, einen weißen Kittel und einen kräftigen Schnauzbart, unter dem seine Zigarre qualmte. Es war eine katholische.

»Na, wo fehlt es uns denn?«, fragte er und beugte seinen Kopf vor. Mama flüsterte ihm etwas zu, als ob es ihr unangenehm wäre.

»So so? Dann stell dich mal hierher und zieh deine Hose runter!«

Mama schaute sorgenvoll in die Luft, und ich tat wie gewünscht. Dort, wo normalerweise Kamillentee mich sanft umspielte, griffelte jetzt in Rauchschwaden gehüllt Dr. Bunnemann herum.

»Aha. Eine kleine Phimose. Das machen wir am besten gleich!«, hörte ich ihn sprechen.

Er ging ins Behandlungszimmer. Ich stand mit heruntergelassener Hose vor seinem Eichenschreibtisch und schaute zu Mama. Mama schwieg. Es schien wie eine kleine Ewigkeit, doch schon war Dr. Bunnemann zurück, legte die dampfende Zigarre in den Aschenbecher und kam zur Sache. Ohne großes Federlesen wurde ich mit Rauch betäubt. Und während ich schlief, beschnitt er mich.

*

Als ich abends in meinem Bett lag, standen Nacku Nacku, Nackte Omazeit und Nackter Lulu traurig auf meinem

Bauch und wünschten uns gute Besserung. Nacku Nacku erwog sogar einen Überfall auf Dr. Bunnemann, um ihn zu skalpieren. Ich konnte es aber verhindern, indem ich Nacku Nacku davon überzeugen konnte, dass ein Überfall auf Bunnemann unserer ganzen Familie schaden würde. Er war einfach zu wichtig, denn er behandelte doch auch meine Geschwister, meine Mama und meinen Papa.

*

Im Laufe der Jahre war ich oft bei Dr. Bunnemann. Zum einen wegen der normalen Kinderkrankheiten, zum anderen wegen verschiedener Knochenbrüche, von denen vielleicht einer hervorzuheben wäre. Ich hatte gerade einen Unterarmbruch auskuriert, als ich am ersten Weihnachtstag zum Gleitschuhfahren auf den steilsten Hang unseres Tales ging. Die Gleitschuhe waren mein Weihnachtsgeschenk, und ich musste sie ausprobieren, bevor der Schnee wieder weg sein würde. Ich zog meinen neuen guten Pullover an, den ich gar nicht hätte tragen sollen, und machte mich gegen Mamas Willen auf den Weg. Es kam natürlich, wie es kommen musste. Bei einer Vollgastour stürzte ich und brach mir den Arm an derselben Stelle erneut.

Von Dr. Bunnemann wusste ich, dass es abermals ein Grünholzbruch war. Elle und Speiche waren sauber und splitterfrei voneinander getrennt und würden problemlos wieder zusammenwachsen. Mein Problem war nunmehr, dass ich es erst einmal mindestens drei Kilometer nach

Hause hatte. Ich betrachtete den rechten Winkel, der sich in der Mitte des Unterarms gebildet hatte und machte mich auf den Heimweg.

Die meisten Menschen in unserem Dorf saßen jetzt bei Kaffee und Kuchen neben ihren Weihnachtsbäumen, und auch meine Familie saß wohl mehr oder weniger friedlich am Tisch, bis ich klingelte.

»Mit dir hat man nichts als Ärger!«, büffelte Mama mich an, als ich ihr tränenreich den erneut gebrochenen Arm präsentierte. Da war das Weihnachtsfest im Arsch.

Onkel Erwin brachte mich zu Dr. Bunnemann in die Praxis, und ohne große Umschweife wiederholte sich die Prozedur, die ich drei Monate vorher schon einmal erlebt hatte. Aber diesmal gab es einen Unterschied. Es war das einzige Mal in meinem Leben, dass ich Dr. Bunnemann ohne weißen Kittel sah, denn auch er hatte ja Weihnachten.

»Na, Andreas! Was ist denn das schon wieder?«, sagte er, während er sein Jackett auszog und die Ärmel aufkrempelte.

»Ich bin gefallen!«, antwortete ich und schaute auf seine dampfende Zigarre. Dann schnitt er mit seiner Doktorschere den Ärmel des guten Pullovers kaputt und führte mich zu seinem Gipstisch.

»Wie war das noch beim letzten Mal?«, fragte er mich, und meine Antwort kam laut und deutlich über meine Lippen: »Ein Indianer kennt keinen Schmerz!«

Und dabei dachte ich an Nacku Nackus Plan, dem lieben Doktor den Skalp von der Birne zu schnitzen.

Als würde er ein Geländer umschließen, griff er Ellenbogen und Handgelenk. Dann zog er beherzt die Knochen auseinander, um die Bruchstellen anschließend wieder vorsichtig zusammenzuführen. Onkel Erwin schaute interessiert zu, und ich weiß nicht, was ihn mehr beeindruckt hat, die ärztliche Handwerkskunst oder die Tatsache, dass kein Laut über meine Lippen kam. Das Richten der Knochen war ja auch gar nicht so schlimm. Die Schmerzen kamen erst, als die Bruchstelle wieder zusammengefügt war und die Nerven unter dem Gips aneinanderrieben. Dr. Bunnemann wünschte uns noch »Frohe Weihnachten!« und fügte mit einem Augenzwinkern noch ein »Wir beide, wir verstehen uns!« hinzu.

Eine Woche später bekamen wir alle die Windpocken. Jürgilein hatte sie als Erster, und als die Diagnose klar war, durfte er uns alle anstecken. Als die ersten Pocken unter meinem Gips anfingen zu jucken, bin ich fast wahnsinnig geworden. Ich war eh schon ein eher hibbeliges Kind, aber das war dann doch zu viel. Ich glaube, in dieser Zeit entwickelte ich auch die ersten Ticks, mit denen ich im Laufe der nächsten Jahre meine Familie verrückt gemacht habe.

Gefördert wurden die Ticks, nach schlesischer Lesart, durch das übermäßige Lesen von Comics. Das Gute an Comic-Heften ist, dass der phantasiebegabte Leser unglaublich viel Raum hat, um den Soundtrack in seinem inneren Gehör lebendig werden zu lassen. Und Phantasie hatte ich reichlich. Allein die Geräusche, die sich während der Schlachten um Fort Laramie entwickelten, hätten die gesamte Deutsche Synchronisationskunst traurig und grau erscheinen lassen.

Ich verfügte also über ein riesiges Repertoire an Geräuschen und onomatopoetischen Lautmalereien, die der Rest meiner Familie nicht unbedingt nachvollziehen konnte. In dieser Zeit hatte ich das Gefühl, mein Name wäre »Hörst du damit auf!«.

Was dann blieb, waren meist leise Zisch- oder Fieplaute, die sich ihren Weg nach draußen suchten. Manchmal schlug ich mit dem Kehlkopf an und erzeugte dadurch Geräusche, wie wir sie von Fröschen und Kröten kannten. Ich war ein kleines akustisches Wunder. Nur mit der Einschränkung, dass sich diese Geräuschwelt irgendwann einmal verselbstständigt hat und sich ohne mein Zutun am Tisch ausbreitete. Und schon hieß es wieder: »Morgen fahren wir zu Dr. Bunnemann!«

*

»Na, was fehlt uns denn diesmal?«, fragte er und ließ eine lange Stange Asche von seiner Zigarre in den großen Aschenbecher fallen, der auf dem großen Eichenschreibtisch stand. Nichts geschah. Die Zeit schien stillzustehen, und nach einer Ewigkeit schaute Mama auf.

»Der Junge unkt«, antwortete sie sichtlich erschüttert. Der Doktor richtete seinen geschulten Blick auf mich und sah mir lange in die Augen. Ich glückste ein wenig und schaute durch die Rauchzeichen seiner katholischen Zigarre zurück.

»Das Kind ist nervös!«, sagte er nach einer Weile. Dann gingen die beiden Erwachsenen in das Behandlungszimmer und unterhielten sich. Als sie nach einer halben Stunde wieder rauskamen, hörte ich noch, wie Dr. Bunnemann sagte: »Sie haben es eben nicht leicht, Frau Rebers, aber machen Sie sich nicht so viele Sorgen. Das wird schon. Geben Sie ihm Lebertran.«

Dann streichelte mir Dr. Bunnemann durchs Haar, und ich ging mit Mama zur Bushaltestelle.

Nervös? Das klang interessant. Ich wusste von Papa, dass es viele Leute gab, die doof, frech oder sogar beides waren. Ich war immerhin nervös und fast sogar ein bisschen stolz auf mich.

»Was ist eigentlich nervös?«, fragte ich Mama, und als sie mich an die Hand nahm, begann sie zu weinen.

Ein paar Tage später begannen die Sommerferien.

Sommerferien

Das größte Glück der Kinder waren die großen Ferien, und das größte Glück der Eltern war die Kinderlandverschickung in den Ferien.

Eigentlich machte das für uns keinen Sinn, weil wir ja auf dem Land lebten, aber unsere Eltern hatten viel Arbeit, und Schwester Marianne vom Roten Kreuz wusste, dass es bei den kinderreichen Familien in den großen Ferien schnell drunter und drüber gehen konnte.

Unsere Sommer waren eigentlich immer gleich. Mama machte nach dem Frühstück die Tür auf und sagte: »Raus! Bis zum Essen will ich keinen von euch sehen!«

Dann gingen wir raus und spielten. Nach dem Mittagessen sagte sie: »Raus. Um halb sieben ist Abendbrot. Wenn was ist – ich bin im Garten. Und wehe ihr macht Dummheiten! Dann kommt ihr ins Heim!«

Dummheiten. Ich wusste, was Mama damit meinte Dummheiten hatte ich auch schon gemacht. Aber das war gar nichts gegen das, was ein Junge aus dem Nachbardorf gemacht hatte. Wir nannten ihn Fuddel, weil er so wilde Haare hatte.

Es begab sich aber zu der Zeit, dass in Engelkes Laden irgendwann einmal ein Kofferradio stand. Eigentlich war es ein Lebensmittelgeschäft, aber es gab auch eine kleine Geschenkabteilung, in der es Dinge gab, über die man im Dorf reden konnte. Jedenfalls sagte Frau Albrecht zu

Frau Engelke: »Ein schönes Radio.«

Das fand Fuddel auch.

Niemand hat bemerkt, wie das Radio gestohlen wurde, aber dass es gestohlen wurde, wusste innerhalb einer

Meine Schwestern im Paradies

halben Stunde das ganze Dorf. Natürlich wurde auch ich verdächtigt. Und ich fand das auch richtig, aber ich war es nicht.

Eine Woche später marschierte Fuddel mit dem Radio auf der Schulter durchs Dorf und hörte laut Musik. Dann kam die Polizei, und Fuddel musste ins Heim.

*

Um mich von derlei Verführungen abzulenken, spielte ich fast jeden Tag zehn Stunden Fußball und trank kalten Tee mit Zitrone, manchmal auch »Tri Top«. Schwester Mausi war oben im Haus bei Oma Weiß, und manchmal spielten sie und Almuth aber auch im Garten im Schatten der Bäume.

Alle Kinder in meinem Alter hatten große Brüder. Wenn wir sie trafen, sagte ich zu meinen Freunden: »Hey, da sind meine großen Brüder.«

Und die sagten: »Unsere auch.«

Meistens aber wollten die Älteren nichts mit uns zu tun haben und machten uns klar: »Haut bloß ab, oder es setzt was!«

Damit ließen sie uns dann stehen. Manchmal kam aber ein großer Bruder verspätet hinter den anderen her und fragte uns: »Wo sind die anderen?«

Dann haben wir ihn in die falsche Richtung geschickt und später dann Dresche gekriegt. Manchmal hatten wir Glück, und es kamen Kinder vorbei, die noch kleiner waren als wir. Dann sah es für uns natürlich besser aus.

Die Dorfjugend: Der Autor unten (krabbelnd), Bruder Günther in der Mitte und rechts außen Jürgilein

Die Dinge gingen einfach ihren vorbestimmten Gang. Mal mit und mal ohne Streit.

Wenn ich mit allen zerstritten war, bin ich früher nach Hause gegangen, habe mich an den Gartenzaun gestellt und zugesehen, wie Mama gearbeitet hat. Mama konnte gut arbeiten.

Dann fragte sie: »Na, was willst du denn schon wieder hier?«

Und ich antwortete: »Nix.«

Und sie sprach: »Pflück dir ein paar Erbsen, die sind reif!«

So wie ich den Milchreis auf meine Weise aß, so auch die Erbsen. In diesem Fall pflückte ich so viele Schoten, wie ich konnte, kröhlte sie aus und legte sie vor mich hin. Wenn alle Schoten leer waren, steckte ich alle Erbsen auf einmal in meinen Mund.

»Nun ist aber gut, du Vielfraß«, schimpfte Mama, und dann schaute ich in den Himmel und überlegte, was Mausi wohl sah, wenn sie in den Himmel guckte.

Mama hätte sich bestimmt gefreut, wenn ich gefragt hätte, ob ich was helfen könnte, aber ich war kein fleißiger Sohn. Nur ganz selten, wenn das Heim zum Greifen nah schien, lenkte ich ein und machte mich nützlich.

Viele Jahre später, als ich Naturschützer und Atomkraftgegner wurde, fiel mir auf, dass Mama ihren Garten biologisch-dynamisch bewirtschaftet hatte; da tat mir mein Verhalten leid.

*

So verbrachten wir unsere Sommer in Ruhe und Frieden. Herbst und Winter taten ihre Pflicht, und kaum, dass es Frühling wurde, tauchte Schwester Marianne vom Roten Kreuz bei uns auf.

»Raus!«, sagte dann Mama.

»Wir haben etwas zu besprechen. Das geht dich nichts an!«

Im folgenden Sommer kamen meine beiden Brüder in die Kinderlandverschickung. Als ich aus der Schule heimkam, waren sie weg, und ich fragte, wo meine Brüder wären. Papa antwortete, dass man sie ins Lager gesteckt hat. Hans Günther kam nach Langeoog und Bruder Jürgen nach Bad Brückenau. Am ersten Ferientag wurden sie weggebracht, und erst am letzten Ferientag kamen sie wieder nach Hause.

Es fiel mir schwer, mich umzustellen. Einerseits war ich traurig, dass sie weg waren, andererseits war ich einmal der Große. Als ich meiner Mutter bei der Erziehung meiner Schwester Almuth behilflich sein wollte, war ihre Reaktion auf das Angebot eindeutig: »Du lässt deine Schwester in Frieden, du Esel. Kümmere dich um dich, dann hast du genug zu tun!«

Mitte der Ferien gab es Post. Die Brüder schrieben Ansichtskarten:

Liebe Familie. Mir geht es gut. Das Wetter ist gut. Wie geht es euch?
Viele Grüße. Hans Günther

Liebe Familie. Mir geht es gut. Das Wetter ist gut. Wie geht es euch?
Viele Grüße. Jürgen

Bei Hans Günther waren Seehunde auf der Karte, denn er war ja auf einer Nordseeinsel. Auf Jürgens Karte war ein Fachwerkhaus aus Bad Brückenau. Ich konnte mir nicht vorstellen, was Bad Brückenau sein sollte. Ich dachte an ein Freibad oder an Brücken.

Dann kam nichts mehr. Ein großer Vorteil dieses bruderlosen Sommers war, dass ich als Erster in aller Ruhe die Comics von den beiden lesen konnte und natürlich meine auch. *Tibor, Ivanhoe* und *Micky Maus*. Mama sagte immer: »Lass bloß die Hefte heil, die gehören deinen Brüdern!«

Zu meinen Heften war ich gut, zu den geliehenen weniger. Der Sommer verlief insgesamt ohne größere Zwischenfälle, wenn man mal davon absieht, dass ich mit einem anderen Jungen die Rinder von Bauer Heini Daus freiließ und durchs Dorf jagte. So ging die Zeit dahin, und am letzten Ferientag kamen die Brüder gut erholt, wie Schwester Marianne sagte, zurück nach Haus. Irgendwie hatte ich die Hoffnung, dass sie mir was mitbringen würden, und freute mich, sie zu sehen. Sonst war das eigentlich nicht der Fall.

Onkel Achim fuhr mit seinem Opel Kapitän nach Holzminden zum Bahnhof, um die beiden abzuholen. Ich durfte nicht mit, weil ich im Auto immer völlig hibbelig wurde und mit den Knien gewippt habe. Das hätte Onkel Achim unruhig gemacht, und so hibbelte ich eben zu Hause vor mich hin, bis die Truppen einrückten.

Das Wort »Geschenk« hatte sich fest in mein Gehirn eingebrannt. Hans Günther packte jetzt einen Seestern und mehrere Muscheln aus. Ich sah die Meeresschätze mit großen Augen an und fragte: »Krieg ich eine?«

»Nö«, sagte der Lange, und das Thema war erledigt.

Jürgen hat überhaupt nichts mitgebracht, sodass ich immer noch nicht weiß, ob es in Bad Brückenau überhaupt irgendetwas gibt, was man hätte verschenken können.

Ich bin dann ins Wohnzimmer gegangen, habe aus den Comics meiner Brüder ein paar Seiten herausgerissen und behauptet, dass es Mausi war.

Hans Günthers Frutti di Mare packte Mama in eine Schachtel und räumte sie weg. Der doofe Seestern fing nach ein paar Tagen zu stinken an, sodass Mama ihn wegwarf. Die Muscheln wurden im folgenden Sommer von Papa einbetoniert und verzieren bis heute die Betonschwelle eines Fasanenzwingers.

Zu viel Phantasie

Es war irgendwann im Herbst nach meiner Beschneidung, und da es regnete, baute ich das Fort Laramie in unserem Wohnzimmer auf. Papa hatte ein paar Kumpane mit nach Hause gebracht, mit denen er jetzt in der Küche saß. Es gab Pfannenschlag. Das sah so aus, dass die Männer ihren Restalkohol mit frischem Bier und Bohnenkaffee vermischten und Mama dazu Rührei mit Schinken machen musste.

Ich war hochkonzentriert und bezog jedes Möbelstück, selbst Vaters Porzellanpferde und Mamas Rübezahlfigur, in meine Inszenierung mit ein. Und während in der Küche fremder Besuch Spiegeleier und Bier verklappte, hatte ich mein Spiel zu spielen. Meine Geschwister ließen mich gewähren, denn sie wussten, dass ich eh nicht ansprechbar war, wenn es erst einmal richtig losgegangen war. Es sei denn, sie legten es drauf an, mich zu provozieren und aus der Fassung zu bringen. Aber davon hielten sie Abstand, denn zumindest Bruder Jürgilein wusste, dass es heiß werden konnte, wenn man sich mit mir ungerechtfertigterweise anlegte.

In diesen Tagen hatte ich zu allem Überfluss noch eine üppige Infektion, die sich an meiner Oberlippe als dickes Bläschenkonglomerat bemerkbar machte. Ich hatte in meiner Leidenschaft in ein Rentiergeweih gebissen, das unser Halbbruder aus Finnland mitgebracht hatte.

Ich sah aus, als ob ich Tollwut hätte, und so musste ich nicht viel dafür tun, um in Ruhe gelassen zu werden. Das Wohnzimmer war frei, und ich ging an mein Werk. Meine Figuren waren allesamt in einem großen Pappkarton untergebracht, und ich kramte sie sorgfältig heraus und brachte sie in Stellung. Bei mir saß jeder Handgriff.

Nachdem ich alles perfekt aufgebaut hatte, kamen die Dialoge und die Soundtracks dazu. Ich denke im Nachhinein, dass es nicht mehr als eine gute Stunde dauerte, bis es zur Entscheidungsschlacht kam.

Ich fühlte mich ungestört. Schubiak hatte das Schlachtfeld leergefegt, und meine Indianer waren dem Verderben geweiht. Es blieb nur noch ein letzter Ausweg. Ich musste Nackter Lulu und Nackte Omazeit in Stellung bringen. Wenn das gelungen war, musste Nacku Nacku seinen Zauber sprechen, damit Fruchtbarkeit einherkam, um im letzten Augenblick den Sieg über das Böse zu ermöglichen. Ich entschied mich für einen der großen Sessel, in dem sonst Mama saß, um Kaffee auszuschenken und Kuchen zu schneiden.

Die Prozedur gelang mir so gut wie nie. Nacku Nacku stand auf der Lehne des guten Sessels, und auf der Sitzfläche bereiteten sich meine Protagonisten auf die weltenrettende Zeugung vor. Rübezahl und Porzellanpferd schauten ehrfurchtsvoll auf die Tischdecke, während Schubiaks Truppen Richtung Westen vordrangen. Ich wartete noch einen Augenblick, um die Spannung auf Maximalspannung zu steigern. Dann schlug ich zu. Aber in dem Moment, als ich Nackter Lulu auf Nackte Omazeit

legte, hörte ich eine Stimme: »Was machst du denn da?«
Es war einer der Männer, die der Herr Vater mit nach
Haus gebracht hatte. Er hielt eine Bierflasche in der
Hand und glotzte wie ein Ochse auf mich und mein Spiel.
»Das werd ich wohl deiner Mutter sagen müssen, oder?
Oder du erzählst mir mal genau, was du da spielst! Ja?«
Das Problem war nicht, dass ich mich erwischt fühlte. Das
Problem war, dass er Nacku Nacku von der Sessellehne
nahm und ihn in seiner dreckigen Hand hielt.
»Du hast fünf Sekunden Zeit, ihn da wieder hinzustellen,
wo er stand«, sprach es aus mir.
Ich wollte eigentlich gar nichts sagen, aber in diesem
Spiel ging es um einiges mehr als um das, was sich so ein
besoffener Erwachsener in seinem Eierkopf ausdachte.
Ich schaute den Mann geradeaus an, und ich wusste, dass
ich mit ihm allein war.
»Nacku Nacku? Wer denkt sich denn so was aus?«, sagte er.
In mir erwachte nicht die Angst, sondern etwas, vor dem
ich manchmal selber Angst bekam. Es war eine der sieben Todsünden. Es war der Zorn oder der Jähzorn, wie es
Mama nannte. Dieses Arschloch hatte meine Welt durcheinandergebracht. Er hatte meine Weltenrettung kaputt-
gemacht, und er hatte Nacku Nacku berührt.
»Na, du bist mir ja einer. Und wie heißen die beiden
hier?«
Er nahm auch noch Nackter Lulu und Nackte Omazeit
in seine schwitzigen Erwachsenenhände und fragte mich
dumm grinsend, als er sie übereinanderlegte: »Und was
machen die beiden jetzt?«

Das war zu viel. Ich konnte das Programm nicht mehr herunterfahren. Mit einem gigantischen Schrei rammte ich meinen Kopf in den Bauch des Mannes, der seinerseits versuchte, mich festzuhalten. Ich schrie so laut ich konnte und schlug so wild ich konnte, und bevor ich mich versah, kam meine Mutter aus der Küche.

»Um Gottes willen. Jetzt ist der kleine Kaukasus verrückt geworden«, sagte sie, während ich schrie, dass ich meine Indianer wiederhaben wollte.

»Lass ab, du alter Wutnickel!«, befahl Mama, aber es nützte nichts. Mama musste mich festhalten, und dann wurde ich solange unter die Treppe gesperrt, bis ich mich wieder beruhigt hatte.

Ich habe den Mann nie wieder gesehen, aber er ließ es sich nicht nehmen, meiner Mutter die Namen meiner hochheiligsten Indianer zu verraten. Er tat es in einer so niederträchtigen belustigten Art, dass ich ihn am liebsten gemartert hätte.

Mama war nicht wirklich böse, aber sie dachte sich, dass es vielleicht wieder einmal an der Zeit wäre, Dr. Bunnemann aufzusuchen. Vielleicht hatte sie aber auch Angst um den Mann, den mein Vater mit in unser Haus gebracht hat, denn ich hatte in dieser Situation geschworen, mich an ihm zu rächen. Und das war kein dummer Witz, sondern das war Indianerehrenwort!

»Die Indianer kommen mit!«, sagte Mama.

»Die Indianer bleiben hier!«, sagte ich.

»Dann kann ich ja mal mit ihnen spielen!«, sagte Hagü.

»Wehe, wenn du sie anrührst!«, sagte ich.

Letztendlich packte ich sie ein, und sie fuhren mit Mama und mir nach Bodenwerder zu Dr. Bunnemann. Eigentlich war es gar nicht so schlecht. sie mit auf diese Reise zu nehmen. Ich ließ sie aus dem Fenster des Busses schauen, und sie lernten endlich einmal die Landschaft kennen, in der wir lebten. Sie waren sehr interessiert und winkten den Büffeln und Pferden zu, die uns unterwegs begegneten. Außerdem gab es noch einen Grund, sie mitzunehmen. Nacku Nacku sollte endlich Gelegenheit bekommen, den Mann kennenzulernen, der mich ein knappes Jahr zuvor beschnitten hatte.

Im Wartezimmer war Hochbetrieb. Das lange Warten hat mir aber nichts ausgemacht, da ich draußen warten durfte. Ich spielte ein bisschen mit meinen drei Kameraden und vertrieb die Langeweile, indem wir uns gemeinsam überlegten, wie mit Dr. Bunnemann zu verfahren sei. Ich erklärte Nacku Nacku, dass er eine Art Medizinmann sei, also ein Kollege von ihm. Er schaute mich ungläubig an, und das Messer blitzte beängstigend in seiner Hand. Nackte Omazeit stellte sich auf meine Seite und redete ebenfalls auf Nacku Nacku ein. Nackter Lulu hielt sich heraus.

Er hatte zu dieser Zeit ernste Probleme mit dem Konsum von Feuerwasser, welches durch Schubiak in den Stamm gelangt war. Schubiak war ein geschickter Flüsterer und Blender, der die Algonkin-Indianer, denen meine Freunde angehörten, mit »Jägermeister« verführte. Zum einen gab es ausreichend Vorräte in unserem Langhaus, und zum anderen wusste Schubiak um die Kraft des Etiketts.

Da die Indianer im Einklang mit der Natur und Manitu lebten, gefiel ihnen der Hirsch auf der »Jägermeister«-Flasche besonders gut, und so glaubte Nackter Lulu, dass Manitu auch in der Flasche mit dem Hirsch wohnte. Denn Manitu lebte und wohnte in allem Leben und wirkte als universelle Kraft, wie wir es auch im Tao finden. Meine Brüder, die mit Begeisterung Karl-May-Bücher lasen, bekamen durch die Lektüre von Winnetou und Co. allerdings einen völlig falschen Begriff von Manitu, denn Karl May hat ihn in seinen Romanen wie den christlichen Gott, also den Obergott, ausgelegt. Karl May war für mich schon damals ein Idiot, der in der Disziplin der Völkerkunde großes Unheil angerichtet hat.

Nun aber zurück zu Schubiak und seinen Listen. Wieder einmal war das Gleichgewicht der Welten in Gefahr, und das Böse machte sich daran, sich auf dem Parkett der Menschlichkeit eine operative Mehrheit zu sichern. Meine Indianer, die für das Gute standen, kämpften bis auf den letzten Tropfen Blut und drängten die Heere des Bösen wieder zurück, hinter die Linien von Fort Laramie. Am Abend gab es zwischen den Wigwams der Algonkin ein kleines Abendessen. Schubiak betrat in der Verkleidung des Letzten Mohikaners die Szene und brachte ein Geschenk.

Der Rest ist schnell erzählt. Beim Anblick des Hirschs schöpften die Algonkin Vertrauen, und siehe, als ob der Herr es geahnt hätte, machte die Flasche die Runde und verwirrte den Geist der Krieger und Jäger. Niemand bemerkte, dass Schubiak sich in Luft auflöste, und jäh war das Erwachen im Morgengrauen. Die Soldaten aus dem Fort kannten keine Gnade und machten keine Gefangenen. Die Algonkin fielen im Kugelhagel der Repetiergewehre, und die Frauen und Kinder starben unter den Messern und Bajonette. Un massacre.

Über dem Dorf lag Totenstille, und deutlich hörte ich Schubiaks kalte Stimme: »Wo sind sie? Wir müssen sie finden. Dreht jeden Grashalm um, bis ihr sie findet!«

Doch über allem Elend wachte ich und entrückte den angesoffenen Häuptling Nackter Lulu, seine Frau und den ehrwürdigen Nacku Nacku, um die Wunden dieser Schlacht zu heilen. Ein besonders großer Liebesakt sollte es werden, und Nacku Nacku tanzte zu Ehren Kitchi-Manitus einen völlig neuen Tanz. Dazu sang ich ein Lied, das meine Schwester Mausi zu dieser Zeit auch immer wieder gern hörte. Ich sang:

Komm in meinen Fickwam, Fickwam,
Ruh dich bei mir aus.
Komm in meinen Fickwam, Fickwam,
Zieh dich nackig aus ...

Und dann kommt so ein besoffener Erwachsener und mischt sich ein!

*

Als wir drankamen, rief Mama mich in die Praxis. Ich glaube, dass sie etwas aufgeregt war, als sie sich an den großen dunklen Schreibtisch setzte. Ich stand neben ihr und starrte auf die große Bücherwand.

»Na? Was fehlt uns denn heute?«, fragte Dr. Bunnemann und paffte seine große katholische Zigarre. Ich schaute zur Mutter. Die schaute zurück.

»Nun sag schon! Los, du Rabauke!«

»Ich habe einen Mann geschlagen, der meine Indianer angefasst hat, aber er hat nur gelacht. Mit einem Tomahawk hätte ich ihn erledigt.«

»Hohoho! Du bist ja einer! Aber du sollst doch keine anderen Menschen hauen!«

Dr. Bunnemann wusste, dass ich ein Indianer war, denn ich kannte keinen Schmerz. Das war jedenfalls unsere Verabredung, wenn er beispielsweise meine Knochenbrüche ohne Betäubung richtete oder Dornwarzen aus meinen Füßen schnitt. Er war ein guter Medizinmann, und so sprach ich mit ihm wie mit einem Mitglied meines Stammes. Er verdiente mein Vertrauen.

Im Nachhinein bin ich froh, dass ich und meine Familie ihn hatten, denn er hat uns oft gerettet. Und so zeigte ich ihm meine Figuren und erklärte ihm die genaueren Zusammenhänge meines Spiels. Es ist wichtig, dass man als junger Mensch jemanden hat, der zuhören kann.

»Das Kind hat eine sehr lebhafte Phantasie. Mit der Zeit lässt das nach. Lassen Sie ihn ruhig spielen, und wenn es nicht besser wird, kommen Sie ruhig noch mal. Auf jeden Fall sollte der Junge später einmal eine weiterführende Schule besuchen. Und was den ›Jägermeister‹ angeht, würde ich gern einmal mit ihrem Mann sprechen!«

So sprach der gute Doktor zu meiner Mama, und so geriet die Welt wieder ins Gleichgewicht.

Die Luftschlacht um England

Als wir nach Hause kamen, saßen Jürgilein und Hagü schon da und schauten mich erwartungsvoll an. Sie wollten wahrscheinlich wissen, ob ich in die Irrenanstalt kommen würde. Sie machten ihre Witze über die geheimen Namen meiner Algonkin-Indianer und wollten mich auf die Palme bringen. Ich bat Mama Milchreis zu kochen, möglichst heiß.

So ging das Leben weiter. Papa hatte sein Gehirn, Mausi ihre gute Laune und ich zu viel Phantasie. Obwohl ich auch nervös war.

Phantasie hin, Nervosität her. Um beides zu vervollkommnen, bot sich neben den Micky-Maus-Heften auch immer wieder der Fernseher an. Es kamen neue Dinge, die entdeckt werden wollten, und so lernte ich Peter Alexander kennen. Er war hauptberuflich Sänger und Tänzer. Schauspieler war er auf jeden Fall nicht. Gut erinnern kann ich mich an den Film *Peter schießt den Vogel ab*. Er spielte in den winterlichen Bergen. Es war ein komischer Film, in dem Peter auf einem Pferdeschlitten saß und sang:

Piccolo Pony,
Gigolo Johnny,
Hia Hia Ho ...

Als ich das gesehen habe, habe ich mich geschämt, denn so was Dummes hatte ich bis dahin noch nicht gehört. Ponys mochte ich nie, und das Lied war schlecht. Ich mochte andere Lieder lieber. Ich mochte fast immer dieselben Lieder wie Bruder Jürgen. Einmal in der Woche kam die Hitparade in unsere Küche, und unser Radio musste viel arbeiten, denn wir wollten alles hören. Ich mochte sehr gern das Lied *Oh Baby Baby Balla Balla*. Ich nahm mir Mamas Schneebesen als Mikrophon und sang laut mit:

Oh Baby Baby
Balla Balla

Als Mama den Schneebesen brauchte, um eine Mehlschwitze zu machen, sagte sie nur: »Her damit, sonst balla ich dir gleich was!«
Mama hatte überhaupt gute Begriffe für Haue. Gern sagte sie: »Gleich setzt es was!« oder: »Gleich gibt es eine Jagdreise!« oder: »Wenn du so weitermachst, kriegst du eine Naht!« oder: »Noch einmal und dein Arsch hat Hochzeit!«
Mama war eine große Kämpferin und Arbeiterin. Wegen der vielen Menschen in einem Raum musste sie Ordnung halten, damit die Nervosität nicht überhandnahm.
Alles hatte seinen Platz, damit es mit einem Griff in den Prozess des sinnvollen Tuns integriert werden konnte. Wie ich schon erwähnte, arbeitete ich auch gern mit Mamas kleinem scharfen Küchenmesser, und ich wusste es

durchaus zu schätzen, dass es an seinem Platz war, wenn ich es brauchte. Deswegen legte ich es nach getaner Arbeit (siehe Linoleum und Kunstlederjacke) auch wieder genau dahin zurück.

Außerdem beugte ich zusätzlichem Ärger mit Mama vor. So lernte ich früh, dass Ordnung der Erleichterung des Lebens und nicht nur dem reinen Selbstzweck dient.

Auch der Vater verstand keinen Spaß, wenn sein Werkzeug missbraucht wurde, obwohl er es tolerierte, wenn wir mit seinen Schaufeln und Kellen spielten. Denn er wusste, dass es sich um kindliches Imitationsverhalten handelte, durch das er sich wiederum bestätigt fühlte, weil er somit eine Möglichkeit sah, seine Anbauten vor Mama zu rechtfertigen.

Wir Kinder wurden in der Praxis ermutigt, das Bauen spielerisch zu erlernen. Und so schachteten wir aus, gruben Löcher und rodeten den Wald. Dabei hat Hans Günther einmal eine Axt in den Kopf bekommen.

Das war so: Er grub gerade ein Loch in die Erde, und ein Nachbarjunge, den ich bewusst nicht nenne, damit er nicht im Nachhinein noch ins Heim muss, hackte gleichzeitig über des Bruders Kopf einen Ast durch. Perfekterweise waren sie zur selben Zeit fertig, und als sich mein großer Bruder gerade aufrichtete, zerbarst der Ast, und die Axt landete geradewegs im Bruderkopf. Sie blieb sogar für einen Moment stecken und fiel erst herunter, als er auf unseren Hof lief und um Hilfe schrie. Alle erschraken, denn es war eine Szene, wie man sie aus Indianerfilmen kannte, nur weiß man, dass im Film alles nur gestellt ist.

Das Blut, das an diesem Samstagnachmittag floss, war echtes Kinderblut.

Onkel Erwin brachte meinen verletzten Bruder mit seiner Isetta zu Dr. Bunnemann. Die Wunde musste genäht werden, und so verlor Hans Günther noch vor dem ersten Nadelstich seinen Skalp. Als er nach Hause kam, sah er so übel aus, dass Mama sogar davon absah, ihm noch »ein paar ans Chemisette zu hauen«, wie sie manchmal liebevoll sagte.

Ich schaute meinen armen großen Bruder unentwegt an und musste die Szene abends noch einmal mit Nacku Nacku und Schubiak nachspielen, um den Schock zu verarbeiten.

*

Am nächsten Tag begann es zu regnen. Hans Günther lag im Bett, und die anderen machten weiß der Teufel was. Im hinteren Teil unseres Langhauses befand sich der Partykeller, der der heranwachsenden Jugend viel Raum und Freiheit schenkte. In diesem Keller stand auf zwei Böcken die so genannte Platte, die so 2 mal 2 Meter gewesen sein dürfte. Hans Günther, der handwerklich sehr geschickt war, hatte hier eine Landschaft mit einer kleinen Ortschaft aus Modellhäusern der Firma Faller gebaut. Es gab Straßen, Siedlungen, Bäume, und auch ein Eisenbahnnetz war in Planung. Zu Weihnachten oder zum Geburtstag bekam er ein paar Menschen und Büsche, die er dann kunstvoll in das Gesamtwerk integrierte. Die Platte war von beneidenswerter Schönheit und glich ein wenig unserem kleinen Kaukasus.

Ich war weniger geschickt. Zwar hatte ich einige Kriegsflugzeuge zusammengebaut, aber ich hielt mich nie an die Anleitungen, weil mir die Geduld fehlte. Ich habe immer alles gleichzeitig gemacht: anmalen, kleben und Abzeichen festmachen. Also verwischten die Farben, und der Kleber verschmierte die Fugen. Die Flugzeuge sahen schrecklich aus.

An diesem Nachmittag war niemand im Partyzimmer. So beschloss ich, mit meinen halbfertigen Bombern einen Angriff auf die Ortschaft zu fliegen. Ich hatte eine Lancaster, eine B 52 und verschiedene Jäger der Air Force. Die Deutschen verfügten lediglich über eine völlig falsch zusammengebaute Messerschmitt Me 262. Der Kleber hatte außerdem die Fenster, durch die der Pilot hätte sehen soll, komplett trüb geätzt, und somit war klar, dass sie nicht viel anrichten würde. Der Angriff erfolgte ohne Vorwarnung, obwohl zu dieser Zeit die Sirene auf dem Feuerwehrhaus noch regelmäßig Luftalarm gab.

Ich ließ meine Bomber kreisen und warf Chinaböller der Klasse D ab, die ich von Papas Geld, das eigentlich für Weihnachtsgeschenke gedacht war, gekauft und für besondere Fälle aufgespart hatte.

Bei Gott, die Faller-Häuser flogen in alle Richtungen, und die Verluste unter der Zivilbevölkerung waren immens. Dann sprengte ich die Eisenbahnlinie, die sich noch im Aufbau befand, da sie ein wichtiger Nachschubweg werden sollte. Fairerweise ließ ich aber auch einige meiner

Jäger und Bomber abstürzen, damit nicht der Eindruck eines totalen Vernichtungskriegs gegen die Platte entstand. Ich tat so, als ob in den kleinen Siedlerhäusern Gefechtsstationen versteckt gewesen wären, und schob diese windige Behauptung vor, um die Vehemenz des Angriffs zu begründen.

Natürlich gab es auch Verletzte, aber meinen Krankenwagen von »Viking« hatte ich oben im Haus gelassen, damit er nicht mitspielen musste. Ich kannte ja meine Art zu spielen, und wenn es hart auf hart gekommen wäre, hätte ich ihn vielleicht sogar auch in die Luft gesprengt. So aber blieb er unversehrt.

Nachdem ich den Angriff für beendet erklärt hatte, wollte ich eine Rede an meine Truppen halten. Leider wurde diese unterbrochen, weil Mama zufällig die Knallerei in der Waschküche gehört hatte und sich dachte: »Jetzt wollen wir doch mal schauen, was der kleine Kaukasus da schon wieder treibt. Da hat doch irgendwas geknallt!«

Ich konnte wählen:

– Tracht Prügel

– Jagdreise

– Naht

– Hochzeit

– oder, neu im Sortiment, Senge!

*

Ein großer Tag im Leben eines Kindes. Im selben Jahr kam der Film *Die Luftschlacht um England* in die Kinos.

Kinderlandverschickung

Die Luftschlacht um England war der vorläufige Höhepunkt meiner Karriere, und Mama beschloss zu handeln. Wir aßen gerade unser karges Abendbrot, als es klingelte. Ich sprang an die Tür, um zu öffnen, und ahnte das Schlimmste. Es war Schwester Marianne, und mir war klar, dass sie es diesmal auf mich abgesehen hatten. Mama und Schwester Marianne gingen ins Wohnzimmer, und ich musste in der Küche bleiben.

»Wehe, du lauschst, du Lork!«, drohte die Frau Mutter. Nach zehn Minuten war alles geritzt.

»Du kommst zur Erholung nach Sylt!«

»Auf Wiedersehen, Schwester Marianne!«

»Auf Wiedersehen, Frau Rebers. Auf Wiedersehen, Andreas!«

»Vielen Dank, Schwester Marianne«, sagte Mama.

»Auf Wiedersehen«, sagte ich.

Schwester Marianne ging über unseren Plattenweg und zupfte sich ihre Haube zurecht. Ein guter Tag fürs Rote Kreuz, mochte sie sich in ihren Gedanken gesagt haben. Zwei Wochen später kam ein Brief aus Holzminden. Das Merkblatt für alle Mitreisenden: zehnmal Unterwäsche, zehnmal Socken, zwei kleine Handtücher, ein großes Handtuch, zwei Waschlappen, ein warmer Pullover, ein kalter Pullover, ein Anorak usw.

»So, du bekommst noch einen Anorak!«, sprach die Frau

Mama, und ich freute mich darauf, endlich einmal etwas Neues zu bekommen.

»Da werd ich Tante Luzie fragen. Dein Kusenk Wilfried ist in der letzten Zeit doch aus allem rausgewachsen.«

Ich war tief enttäuscht. Die Klamotten, die Kusenk Wilfried trug, waren oft von Kusenk Flipper. Das heißt, ich wäre der Dritte gewesen, der mit dem Anorak rumgetapert wäre.

»Ich will aber einen neuen Anorak«, sagte ich.

»Ich Anorak dir gleich was!«, antwortete Mama und boxte mich.

»Du trägst ja sonst auch die Sachen deiner Brüder auf.«

Eben drum. Ich lief rum wie meine Brüder, und bei Mausi war es sowieso egal.

»Warum sollten wir Mausi denn teuer anziehen?«, dachte man sich wohl, »Mausi ist doch nicht richtig gesund. Das wird von teurer Kleidung auch nicht besser.«

Schwester Marianne kümmerte sich also um die Gesundheit der Menschen in meinem Dorf. Sie hatte Formulare, mit denen Mutterschaftsurlaub und Kuren beantragt werden konnten, und sie fragte, warum manche Kinder so blass waren. Ich glaube, dass sie nie etwas Schlimmes mit uns vorhatte. Aber vieles war leider sehr schlimm.

In Bodenwerder gab es zum Beispiel ein Solebad für die Kurgäste, die im Sommer in unserer Münchhausenstadt weilten. Anton Tschechow war übrigens nie in Bodenwerder, sondern in Badenweiler, wo er letztendlich auch gestorben ist. Ich glaube, der einzige Schriftsteller, der je in Bodenwerder war, war ich.

Das Solebad hatte im Winter immer die eine oder andere freie Wanne, und so sorgte Schwester Marianne dafür,
dass die blassen Kinder Solebäder nehmen konnten. Solebäder waren gesund. Im Krieg wäre man froh darüber
gewesen, sagte Mama, als ich ihr sagte, dass ich keine Solebäder wollte. Also gab es keine Widerrede.

»Das Solebad wird genommen!«, schimpfte Mama, und
Schwester Marianne gab das Zeichen für den Aufbruch.
Zalesinski, der dicke Torwart, Levin und ich fuhren mit
dem Bus ins Solebad.

Schon der Geruch und die vergammelten Steinwannen
vergällten mir die Freude am gesunden Leben. Es gab
Sammelumkleiden und grün gekachelte Sammelduschen.
Von den Decken hingen alte Blechlampen herunter, und
auf dem Boden lagen Holzgitter, damit die Idioten, die
das hier freiwillig machten, nicht in ihrer eigenen Gülle
ausrutschten. »Na dann Mahlzeit«, dachte ich und hielt
mir ein Stück Kernseife unter die Nase, um den Geruch
zu über ... dingsen ... ich weiß nicht, wie man das aus-
drückt. Dann mussten wir uns in die Wannen mit der sal-
zigen Brühe legen, um gesund zu werden.

Levin und ich hatten das Glück, eine Wanne für uns allein
zu haben. Zalesinski und der dicke Torwart lagen nämlich
zu zweit in einer Wanne. Eine Stunde mussten wir liegen bleiben, um gesund zu werden. Etwas Langweiligeres
hatte ich bis dahin noch nicht über mich ergehen lassen
müssen.

Zwischendurch kam Schwester Marianne, um die Temperatur zu prüfen und im Bedarf heißes Wasser nachzukippen.

Dass ein Kind ertrinken konnte, entzog sich komplett ihrer Phantasie. Sie erzählte uns vom Toten Meer im Heiligen Land, wo angeblich alles Wasser so wäre wie in diesem moderigen Keller. Sie war nämlich schon einmal im Heiligen Land gewesen und hatte sich angeguckt, wo Jesus lebte. Sie war eine gute und fromme Frau.

Ich schaute zu den anderen Kindern.

Levin schaute stumm auf seine Zehen, die aus dem Wasser ragten, und Zalesinski war leichenblass. Dem dicken Torwart schien das alles gar nix auszumachen. Als er bemerkte, dass ich zu ihm rübersah, tauchte er mit seinem Kopf unter, und um zu zeigen, dass er ein harter Hund war, tat er das schier Undenkbare: Er legte sich so in das Bad, dass sich sein Mund auf Höhe des Wasserspiegels befand. Dann öffnete er den Mund und ließ die Brühe in seinen Rachen laufen.

Zalesinski wurde daraufhin so schlecht, dass er sich übergeben musste. Er gürbelte in das Wasser, in dem er selber lag, wodurch ihm noch schlechter wurde. Der dicke Torwart hat wie ein Irrer gelacht, als er aus der Wanne stieg, und alle anderen gefragt, ob sie es denn auch alle gesehen hätten. Zalesinski würgte weiter vor sich hin, und Schwester Marianne schöpfte mit einer großen Holzkelle das Erbrochene aus der Sole. Der dicke Torwart wurde dann von Schwester Marianne zu mir in die Wanne gelegt. »Na toll«, dachte ich.

Als ich zu Hause Mama erzählte, dass einem Kind schlecht geworden war, fragte sie nur: »Ach Gott, warum denn das?«

Zalesinski und Levin standen übrigens auch auf der Liste der Kinderlandverschickung. Bevor aber der Sommer kam, mussten wir einmal in der Woche ins Solebad.

*

Als es dann auf die großen Ferien zuging, verbrachte Mama die Abende damit, Namensschilder in die Sachen zu nähen. Überall stand A. Rebers, also für mich: Andreas Rebers. Das war praktisch, denn die Klamotten sollten später auch Angelika oder Almuth passen. So viel zur Unverwechselbarkeit von Personen. Auf dem Merkblatt stand aber auch etwas von Taschengeld. Das hatte ich mir gemerkt.

»Das Taschengeld ist sofort bei den Betreuern abzugeben«, stand da, aber Mama hielt Taschengeld grundsätzlich für unnötig.

»Wie viel Taschengeld krieg ich mit?«, fragte ich.

»Wenn's nach mir geht, kriegste gar nix!«

»Aber hier steht doch, dass Mitreisende auch ein kleines Taschengeld mitnehmen können!«

»Können, nicht müssen. Zu was denn? Du hast Essen und Schlafen. Mehr brauchst du nicht!«

»Ja, aber ich könnte euch doch was mitbringen. Ein Andenken für die Familie vielleicht?«

»Also gut. Sag Papa, er soll dir fünf Mark geben, und dann kaufst du was für deine Geschwister.«

Als es losging, gab mir Papa zehn Mark. Zehn Mark für sechs Wochen. Mama war sauer und schimpfte mit Papa.

»Fünf hätten auch gereicht!«, sagte sie. Sie brachten mich im Opel Kapitän nach Holzminden zum Bahnhof. Onkel Achim hatte große Angst, dass ich mit meinen Wackelknien an den Fahrersitz kam, also saß ich hinten rechts am Fenster und wackelte vor mich hin.

Am Bahnhof wurde es ernst. Die Koffer waren schwer, und ich schwitzte in Kusenk Wilfrieds Anorak. Den musste ich anziehen, damit der Koffer überhaupt zuging. Mir war unglaublich warm, und alle fragten, warum ich so einen roten Kopf hätte. Hunderte von Kindern und Eltern wuselten auf dem Bahnhof herum, und die Schwestern vom Roten Kreuz sortierten mit strengem Blick die Buben und Mädchen auseinander. Da wurden auch schon mal Geschwister voneinander getrennt, und entsprechend groß waren Geschrei und Geweine.

Irgendwann saßen Zalesinski, Levin und ich im Zug. Auf dem Bahnsteig standen die Eltern und Schwester Marianne. Sie winkten zum Abschied. Überall flossen Tränen. Nur bei uns nicht. Von uns hat keiner geweint. Als der Zug losrollte, packten wir unsere Stullen aus und hauten rein. Mettwurst, Knackwurst, Blutwurst, Schinken und alles aus eigener Hausschlachtung. Wir sahen die Dinge gelassen, weil wir zusammenhielten und zu dritt waren. Die Folter in den Solebädern hatte uns zusammengeschweißt. Schade, dass der dicke Torwart nicht mit uns war, aber er war nicht dünn genug.

Ich wusste so ungefähr, was uns erwarten würde, weil HG und Bruder Jürgen auch schon einmal vom Roten Kreuz interniert worden waren. HG musste zum Beispiel

Joghurt essen und Mittagsschlaf halten. Außerdem wurde man gewogen. Wie Vieh. Wir wurden auserwählt, weil wir alle zu dünn gewesen sein sollen.

Also redeten wir, und die Zeit verging. Während am Fenster unser Land vorbeizog, gingen die Aufseherinnen vom Roten Kreuz durch die Abteile und verglichen ihre Listen mit Kindern und schrieben auf, wer in welches Zimmer kam. Mir fiel auf, dass sie viel strenger und böser waren als Schwester Marianne. Die hatte aber immerhin die Haftbefehle für die Deportation ausgestellt. In solchen Dingen waren die Deutschen immer gut.

Nach der Ankunft auf dem Bahnhof von Westerland wurden Zalesinski, Levin und ich in verschiedene Blöcke gesteckt.

»Moment! Wir sind aus einem Dorf und wollen zusammenbleiben!«, rief ich dazwischen.

»Du redest nur, wenn du gefragt wirst!«, zischte mich eine der Schwestern an.

Mir war, als würde die Welt zusammenbrechen, aber es ging alles so schnell. Unser Gepäck wurde auf einen Anhänger geworfen, und wir mussten uns in Reihen aufstellen. Dann ging es zu Fuß weiter.

Über eine Stunde marschierten wir zu unserem Lager. Als wir durch das Eingangstor marschierten, muss ich noch blasser gewesen sein als jemals zuvor. Ein riesiger Bau aus dunklem Backstein lag vor uns. Drumrum ein Freigehege, das von einem hohen Zaun umgeben war. Die Nebengebäude machten allesamt den Eindruck, dass es besser wäre, sie nicht zu betreten. Das erste Mal in meinem Leben hatte ich richtig Angst. Ich wurde Schwester Elke zugeteilt. Sie war groß, blond und böse. »Da rein«, herrschte Schwester Elke mich und die anderen Kinder an.

In den langen Gängen roch es nach Bohnerwachs. Überall hingen Luftaufnahmen des Geländes und der Einrichtung. Ich kann mich deshalb so gut erinnern, weil in den siebziger Jahren jeder bei uns im Dorf eine Luftaufnahme von seinem Haus im Wohnzimmer hängen hatte.

»Alles stehenbleiben!«, rief Schwester Elke.

»Der Reihe nach eintreten!«, rief Schwester Elke.

Die Zimmer waren keine Zimmer, sondern Säle, in denen Dutzende Doppelbetten standen. Ich war eins der ersten Kinder und konnte mir ein Bett oben ergattern. Das freute mich, denn zu Hause musste ich immer unten schlafen, weil über mir der Blödmann mit den Tibor-Heften schlief. Immerhin, ein kleiner Teilerfolg. Unter mir lag jetzt ein blonder Junge, der eine Reisetasche aus Leder hatte. Außerdem hatte er ein Kuscheltier, das er zu verbergen versuchte. Mir war es egal, aber bei der Menge an Kindern war klar, dass es ein paar Rabauken geben würde, die ihn dafür ordentlich aufziehen würden. Er tat mir jetzt schon leid.

Immerhin durften wir noch zu Abend essen. Es gab Tee, Käse, Wurst und Brote, dann mussten wir uns »fein« machen und in unsere Betten gehen. Schwester Elke sprach noch ein Gebet, und dann war Ruhe.

In dieser ersten Nacht haben viele Kinder geweint, weil sie wussten, dass sechs lange Wochen vor ihnen liegen würden. Ich legte mich auf den Rücken, starrte an die Decke und spürte gar nichts. Irgendwann richtete ich mich auf und sah im Schlummerlicht der Notbeleuchtung die vielen Betten. Nichts als Betten, Betten, Betten. Mit der Zeit wurde es ruhiger. Ich hörte das Atmen und Schnurren der anderen Kinder, und ab und zu schluchzte eins leise, aber meine Ohren vernahmen noch etwas anderes. Da war etwas, was ich bis dahin noch nie gehört hatte. Ein Rauschen, das gleichmäßig an- und wieder abschwoll. Es wurde manchmal leiser, dann wieder lauter, und dann kam es näher, um sich mit einem Geräusch zu überschlagen, das mich komplett in seinen Bann zog. Meine Ohren wurden immer größer, und ich holte dieses Lied so dicht an mich heran, wie ich nur konnte.

Es war das Meer.

Unterwegs

»War es das erste Mal, dass Sie von zu Hause fort waren?«, wollte plötzlich mein Zuschauer, den ich fast schon vergessen hatte, wissen, und ich bejahte: »Es war eine schlimme Zeit, denn die Briefe wurden von den Schwestern geöffnet, und wenn so etwas drinstand wie ›Bitte holt mich nach Haus‹, wurde man zur Rede gestellt und als undankbar gebrandmarkt. Auf diese sechs Wochen hätte ich gern verzichtet, aber ich habe sie überstanden. Das Meer vermochte mich zu trösten. Nicht immer, aber oft. Ich war nie gern fort von daheim.«

»Da haben Sie natürlich den falschen Beruf gewählt, denn wenn ich mir Ihren Tourneeplan so ansehe, sind Sie doch viel unterwegs«, warf er ein.

»Ich weiß, deshalb ist es ja auch so wichtig für mich, die Heimat möglichst immer bei mir zu haben. Mit der Zeit kann es einem sogar gelingen, Heimat nachzubauen und Gewohnheiten zu etablieren. Ich tue einfach so, als wäre ich zu Hause. Außerdem habe ich überall Verwandtschaft.

In Berlin beziehe ich grundsätzlich das Steigenberger Hotel und esse grundsätzlich einmal an ein und demselben Imbissstand eine Currywurst. In Wien gehe ich beispielsweise immer in das Hotel Josefshof in der Josefsgasse in der Josefstadt. In derselben Gasse befindet sich übrigens auch die Ständige Vertretung Palästinas.

Passenderweise befindet sich direkt gegenüber ein Waffengeschäft. Aber das nur nebenbei. Auch in Zürich habe ich feste Wege und Plätze, die ich zu bestimmten Zeiten aufsuche, um den Überblick zu behalten. Dadurch werde ich nicht nervös.

Bei meinem letzten Wien-Aufenthalt passierte zum Beispiel Folgendes: Das Hotelzimmer war mir zu klein und zu laut. Also machte ich mir ein Upgrade, um mehr Platz zu haben und um auf einen ruhigen Flur zu kommen. Nachdem das geklärt war, nahm ich einen Kaffee im Café Eiles, ging aber danach noch einmal ins Hotel, um das Zimmer besser kennenzulernen. Es war schön, aber irgendetwas irritierte mich. Auf den zweiten Blick wurde mir klar warum. Es lag am Fernseher. Er war wesentlich kleiner als die anderen Fernseher, die ich bislang im Josefshof hatte. Er stand auf dem Tischchen neben dem Schreibtisch, und ich vermutete, dass es wohl eine Übergangslösung war. Vielleicht war der Originalfernseher kaputt und sie hatten nur noch diesen. Vielleicht würden sie ihn ja noch umtauschen, aber eigentlich war es mir egal. Schließlich schaute ich ja auch Harry-Potter-DVDs auf dem Laptop an. Trotzdem nahm ich Anstoß daran, dass er nicht die gewohnte Größe hatte und somit die Symmetrie des Raumes störte. Vielleicht würde ich mich am nächsten Tag beschweren, aber an diesem Tag konnte ich mich darauf einlassen.

Ich beschloss, vor der Vorstellung noch zu duschen. Als ich mich auszog, glotzte mich der Fernseher dermaßen blöde an, dass ich meine Boxershorts nahm und sie ihm überstülpte. Sie passten ihm wie angegossen. Danach ging ich ins Theater. Ich spielte im Kabaret Niedermair.

Nachdem die Bühne vorbereitet war, ging ich ins Blauenstein, um mit Onkel Fu und Onkel Michi zu essen. Es liegt direkt neben dem Theater, und dort esse ich immer Gulasch. Freitags gehe ich zum Essen in die Helene und esse dort ein Schnitzel. Am Samstag gehe ich mittags ins Blauenstein und abends in die Helene. Manchmal esse ich samstags aber auch auf dem Naschmarkt. Im Blauenstein trinke ich Bier und in der Helene Grünen Veltliner. So hat alles seine Ordnung.

In Berlin ist das Prozedere natürlich anders. Da gehe ich mittags mit Onkel Horst ins KaDeWe und abends mit Tante Ulrike, Tante Marion und Onkel Lutz ins Engelbecken oder ins Buongustaio.

In Zürich wohne ich immer im Hotel Seegarten im Zimmer A. Ich mache immer denselben Spaziergang, esse Torte im Café Schober und treffe mich mit Onkel Markus und Tante Miscovic auf eine Bratwurst am Sternengrill.«

»Das klingt wieder nach Ihrem merkwürdigen Humor, wenn ich das mal anmerken darf«, bemerkte mein Gesprächspartner, und ich ergänzte: »Da haben Sie Recht. Manchmal bekomme ich Angst, es könnte mir passieren, dass ich in Zürich das Gefühl habe, in Wien zu sein und anstelle des Sternengrills das Blauensteiner zu suchen. Oder umgekehrt in Wien das Hotel Seegarten und in Berlin die Comedia Colonia. Aber soweit ich wusste, befand ich mich in Wien, saß im Blauenstein und aß mein Schnitzel.

Ich dachte zwischendurch an den Fernseher im Hotel und versuchte mir vorzustellen, ob sich jemand im Lokal vorstellen könnte, dass ich eine Unterhose über einen Hotelfernseher gestülpt hatte. Vermutlich nicht.

Nach der Vorstellung ging ich direkt ins Hotel, weil ich ziemlich müde war. Der Hotelflur erinnerte mich ein wenig an unser Langhaus. Der Unterschied bestand glücklicherweise darin, dass der Flur nicht durch die Zimmer hindurchführte.

Als ich aufs Zimmer kam, schaltete ich automatisch den Fernseher ein, öffnete den Vino, den ich mir am Nachmittag noch gekauft und kaltgestellt hatte, und schrieb einen Text über Alleinunterhalter. Ich taufte das Lied *Mikrophon*. Dabei dachte ich an Mutters Schneebesen.

Das Zimmer gefiel mir gut und ich beschloss, beim nächsten Gastspiel in Wien dasselbe Zimmer zu buchen, damit ich nicht wieder von vorne anfangen müsste.

Ich habe, was Unterkünfte angeht, schon einiges erlebt. In der Schweiz wurde ich einmal von einem Mann namens Walti im Rössli untergebracht. Der Besitzer war Hasenzüchter, und die Zimmer waren nach den einschlägigen Hasenrassen benannt. Es gab Scheckenstube, Familienzimmer, Rammlerzimmer, Holländerzimmer, Riesenzimmer, Angora-, Widder- und Hasenzimmer. Es gab Kaninchen-TV, Hasenkalender, und in jedem Zimmer hingen schick eingerahmt die Kalenderblätter des Vorjahres. Aber auch eigene Fotos zierten die nächtliche Umgebung. Hase auf Sisal vor Raufasertapete oder Hase mit Kind im gemütlichen Dreibettzimmer. Hier fehlte einwandfrei der Habicht.

Ein andermal war ich in einem Privathaus im Hotzen-
wald untergebracht. Die Veranstalterin fuhr vorweg, weil
das Haus, das einer gewissen Maria gehörte, mit dem
Navigationsgerät nicht zu finden war. ›Geh rein. Die Tür
ist auf!‹, sprach sie morgens um zwei Uhr und fuhr leicht
angeschickert über die Feldwege davon. Vor dem Haus
brannte eine kleine Lampe, und ich fand die Tür wirklich
offen. Der Vorraum erinnerte an eine Sauna, und überall
standen Badelatschen herum. Auf der Treppe, die in den
ersten Stock führte, lag ein Zettel, auf dem ›Künstlerzim-
mer‹ stand. Vorsichtig ging ich nach oben und fand eine
offene Tür. Als ich eintrat, beschlich mich ein komisches
Gefühl. Die Wände waren durchweg mit Ikea-Regalen
zugestellt, die ausnahmslos mit Videocassetten gefüllt und
auf deren Rücken fortlaufende Nummern geklebt waren.
Es mussten tausend und mehr gewesen sein. Das Bett war
so weit in Ordnung und sauber bezogen. Ich legte mich
zunächst noch angezogen auf das Bett und überlegte, was
wohl gefilmt worden war. Vielleicht war ich ja auch in einem Swinger-Club gelandet oder bei einem Psychopa-
then, der mich in diesem Moment durch eine Kamera
beobachtete. Während mir diese Erinnerungen durch
den Kopf gingen, begann es in der Boxershort zu stöh-
nen, und ich wurde aufgefordert, jemanden anzurufen.
Ich schaltete um und hörte das Getrappel von Pferde-
hufen und Schüsse. Irgendjemand schrie: ›Indianer!‹ Ich
ließ den Sender eingeschaltet, schlief ein und träumte.«

Rüben-Blues

Nun, da ich die unendlichen Weiten der Nordsee kennengelernt hatte, musste ich mich im folgenden Jahr wieder mit den unendlichen Weiten meiner Heimat abfinden.

In den Weiten der kaukasischen Ebenen bauten unsere Bauern neben Getreide und Kartuffla vor allem Rüben an. Wir unterschieden Zuckerrüben, Runkelrüben, Futterrüben und Mohrrüben. Letztere hatten wir in unserem Garten, damit auch Vitamine auf den Tisch kamen. Um die Mohrrübe oder Karotte kümmerte sich ausschließlich die Frau Mutter. Die anderen Rüben wuchsen außerhalb unseres Gartens auf. Die Rübe begleitete uns alle.

Die Aussaat erfolgte Ende März, und schon die Vorbereitung des Feldes war eine Arbeit, die mit großer Präzision und Sorgfalt getan werden musste. Furchen wurden angelegt und die Saat in eben diese Furchen eingebracht. Dann begann das Wachstum, und schon bald erschien das erste Grün. Wachsam glitten des Bauern Augen über das heranwachsende Blatt, denn die Rübe hat auch Feinde. Obwohl sie als Pfahlwurzler standorttreu und patriotisch ist, kann man sie nicht sich selbst überlassen, denn Gefahr ist im Verzug. Trockenfäule und Wurzelbrand einerseits sowie Rübenfliege und Rüsselkäfer andererseits warten auf ihre Chance zum Befall der edlen Frucht. Doch davor sei der Mensch. Schon im Zweiblattstadium betritt er das Feld, verschafft sich einen Überblick und legt den Grundstein für eine gute Ernte.

Der Schlesier hat seit eh und je ein gutes Verhältnis zur Rübe. In Schlesien wurde bereits 1806 die erste Zuckerrübenfabrik der Welt eröffnet.

Mit der Erfindung des Würfelzuckers in Mähren entstanden 1843 die Voraussetzungen für meine spätere Medikamentierung. Immer wenn ich nicht schlafen konnte oder mich sonst eine Pein niederwarf, gab es »Klosterfrau Melissengeist«, der auf ein Stück Würfelzucker geträufelt und anschließend verabreicht wurde.

Bei der Aussaat der Rübe ist der Bauer großzügig, damit sich auch was tut im Erdreich. Wenn das Blatt aber ans Licht drängt, bildet sich viel Schatten, sodass jetzt Hand angelegt werden muss, um die heranwachsende Jungrübe auf etwa 18 bis 20 Zentimeter zu vereinzeln. Dann werden die kleineren Pflanzen herausgezogen, in die Furchen gelegt, auf dass die stärkste gedeihe.

Es gab damals, in dieser guten alten Zeit, noch viel Gemeinsinn und auch freiwilligen Kollektivismus. Wenn es daranging, Hand anzulegen, standen die Menschen zusammen. Flüchtlinge und Ureinwohner waren sich näher gekommen und halfen einander. Die Kartuffla wurden gemeinsam aus dem Boden gerissen und eingekellert, und auch beim Rübenhacken griff man sich unter die Arme. Erst ging man auf das Feld von Heiner, dann auf das Feld von Heini und so weiter. Bis alles gemacht war.

»Morgen kommst du mit auf das Feld!«, sagte Mama eines Abends.

»Tante Alide ist auch da. Da wirst du uns mal schön helfen, du alter Faulpelz.«

Schon früh am Morgen schlug Mama mit dem Kochlöffel gegen die Heizungsrohre, um mich zu wecken. Der Sound schraubte sich unbarmherzig in mein absolutes Gehör, und schon war ich wach.

»Heute wird es warm!«, sprach die Mama, und es wurde warm. Kaum, dass wir auf dem Feld waren, erhob sich die Mutter des Lichts, wie die Algonkin-Indianer die Sonne nannten, und schien.

»So. Nun nimm die Hacke. Und dann hackst du so, wie Tante Alide und ich es dir zeigen. Immer so: hack, hack! Und die kleinen Pflanzen ziehst du raus. So: zieh, zieh! Und immer in derselben Furche bleiben. Bis ans Ende. Dann gehst du in die nächste Furche und kommst zurück. Bis das ganze Feld fertig ist. Wir machen nämlich keine halbe Arbeit.«

Hack, hack.

»Du musst richtig hacken und nicht nur die Erde aufkratzen. Schau her. So musst du dich hinstellen«, unterwies mich meine Mama.

Es war wie Standbein, Spielbein. Und so schulte ich meinen Schlag. Wichtig ist die Ausrichtung des Landarbeiters. Ich habe gelernt, rückwärts zu hacken, damit man das Gehackte nicht gleich wieder mit seinen Füßen platt macht. Philosophisch betrachtet durchmessen wir beim Rübenhacken den Raum und schauen dabei auf das

Vergangene. Die Zukunft hingegen liegt dabei immer hinter dir.

Wenn ich die unendlichen Weiten der Felder mit denen des Meeres verglich, bestand der wesentliche Unterschied darin, dass das Meer mit weniger Arbeit verbunden war.

Hack, hack!

Mit der Sonne kam der Durst. Ich trank sehr gerne Brause. Auf dem Feld gab es aber keine Brause. Mama hatte kalten Tee, den es immer gab, und so stellte ich mir eben Brause vor, wenn ich den Tee schluckte. Kalt und erfrischend schmeckte ich eine Note von Orange und Zitrone und ich spürte, wie sich meine Kehle an der kühlen Flüssigkeit labte.

Ich habe früh gelernt, mir Dinge vorzustellen, die es nicht gab, und ich war in der Lage, mich genau daran zu erinnern. Für kritische Lebenssituationen hatte ich mir angewöhnt, eine Erinnerung hervorzuholen, um diese dann über das wirkliche Jetztereignis zu stülpen. Dadurch, und fürwahr meine Brüder, gelang es mir immer besser in meiner eigenen Welt zu leben. Jetzt, da die Flasche mit dem Tee ausgetrunken war, trank ich dennoch weiter.

Mama und Tante Alide schauten mich besorgt an.

»Nun musst du aber auch wieder arbeiten, du Raubauz«, ermahnte mich die Mutter, und so hackte ich mein Hack, hack, bis mir auffiel, dass man auch anders hacken konnte. Alles eine Frage der Betonung.

Hack, hack

ist etwas anderes als

HACK, hack.

Betont, unbetont entsprach einem Zweivierteltakt. Wenn man ihn verdoppelte und die zweite und dritte Taktzeit weniger betonte, ergab es einen klassischen Viervierteltakt.

HACK, hack, HACK, hack.

Da ich den Schneewalzer singen konnte, ergab sich natürlich auch die Option des Dreivierteltakts.

HACK, hack, hack.
HACK, hack, hack.

Ich begann zu improvisieren und hackte mal so und mal so. Auf diese Weise entstand mein ganz persönliches eigenes Hackedihack.
Hierbei brachte eine Triole Abwechslung in den Rhythmus. Nun fiel mir die Arbeit leichter. Ich hackte Hackedihack und sang dazu:

Yeahgedeejack.
Don't come back.

Mama schaute wieder besorgt zu mir herüber und ermahnte mich zur guten Konzentration. Vielleicht war sie in Gedanken auch schon wieder bei Dr. Bunnemann.

So machte sich abermals Verzweiflung in mir breit. Die Furchen so endlos und der Rüben so viele. Ich konnte nicht verstehen, dass Mama und Tante Alide so friedlich ihre Bahnen zogen. In mir kochte allmählich der Zorn, und wie aus heiterem Himmel nahm ich die Hacke und schlug einer kleinen Rübe gezielt auf die Mütze, sodass sie in tausend Stücke flog.

»Na, na. Was machst du denn da. Was haben dir denn die kleinen Rüben getan?«

Zum Glück war es Tante Alide und nicht Mama. Von ihr hätte ich mir wahrscheinlich sofort einen *roundhouse kick* abgeholt.

Tante Alide war insgesamt etwas ruhiger als Mama. Sie war die Frau von Onkel Wilhelm, dem Maurer, und sie war die Mutter meines besten Freundes Wolfgang. Ihr Haus war grundsätzlich etwas klüger gebaut, sodass es weniger Nervosität gab. So beließ sie es bei der mahnenden Frage.

Ich hätte ihr schon sagen können, was mir die kleinen Rüben getan hatten. Genau genommen stahlen sie mir meine Zeit. Denn in mir machte sich das Gefühl breit, dass ich bald noch weniger Zeit mit Nacku Nacku und dem Fort Laramie verbringen würde.

Auf mich wartete nämlich die Realschule.

Die Ente

Nun ging es also auf die Realschule in Bodenwerder. Ich freute mich auf diesen Schritt, der mich hinaus aus dem Tal führen und mir neue Erlebnisse bescheren sollte. Ich zog dadurch mit meinen Brüdern gleich. Es ist grundsätzlich gut, große Brüder zu haben, denn sie können einem helfen, wenn man auf dem Schulhof Streit hat.

Nun lernte ich auch Englisch und Physik. Die anderen Fächer waren normal. Meine Klassenlehrerin hieß Fräulein Höntze, die eine kleine Wohnung im Hause unseres Zahnarzts Dr. Heimers hatte. Ein paar Häuser weiter war dann auch schon das Haus von Dr. Bunnemann. Manchmal sah ich ihn, wenn er seine Tennisschläger in seinen Mercedes legte, und grüßte ihn freundlich.

»Guten Tag, Dr. Bunnemann!«

»Guten Tag, Andreas.«

Dann fuhr ich meiner Wege und Dr. Bunnemann zum Tennis.

In der neuen Schule bekam ich viele neue Lehrer. Fräulein Höntze war meine Klassenlehrerin. Ich bekam Herrn Marx in Biologie, Frau Hoffmann in Mathe und Herrn Fink in Chemie. Herr Fink konnte gut Kopfnüsse geben und hatte somit etwas Ähnlichkeit mit Mama.

Mein Deutschlehrer hieß Herr Eisenberg, und ohne ihn hätte ich das hier alles gar nicht schreiben können. Da ich als Kind immer sehr schnell und undeutlich gesprochen habe, dachte ich, dass die deutsche Sprache nicht das Richtige für mich wäre. Erschwerend kamen die Soundtracks dazu, sodass ich mir schon überlegte, zum Trickfilm zu gehen. Bei Herrn Eisenberg machte es mir aber auf einmal Spaß, gut zu sprechen und zuzuhören.

Der bemerkenswerteste Lehrer, den die Realschule allerdings zu bieten hatte, war unser Physiklehrer. Entsprechend seines Temperaments wurde er von den Kindern nur »Oppa« genannt. Der Unterricht verlief folgendermaßen: Wir hatten alle dasselbe Lehrbuch. Aus dem Lehrbuch schrieb der Physiklehrer in jeder Stunde ein Kapitel an die Tafel, und wir schrieben von der Tafel das Kapitel in die Mappe. Am Ende des Schuljahres wurden die Mappen eingesammelt und bewertet. Am letzten Tag vor den Zeugnissen wurden dann die Schüler nach dem ABC nach vorn an den Lehrertisch zitiert und die Note mitgeteilt. Bis ich drankam, dauerte es eine Weile.

»Rebers Andreas!«, hieß es, und ich erhob mich, um nach vorn zu gehen. Das Physikgenie sprach: »Rebers Andreas. Dein ältester Bruder war bei mir und hat eine Fünf bekommen. Dein anderer Bruder war bei mir und hat auch eine Fünf bekommen. Und du bist jetzt bei mir und bekommst auch eine Fünf. Ihr Rebers seid keine Naturwissenschaftler!«

Als vier Jahre später meine Schwester Almuth in derselben Situation war, gestaltete sich die Zensurvergabe ähnlich: »Der älteste Bruder hatte eine Fünf, der Jürgen hatte eine Fünf, der Andreas hatte auch eine Fünf, und du kriegst eine Sechs, weil du ein Mädchen bist!«

Mein Vater war gezwungen zu handeln und wurde beim Herrn Direktor vorstellig. Die Note wurde auf eine Fünf verbessert.

*

Papa war stolz, dass seine Kinder auf eine höheren Schule gingen. Zu den Schlesiern sagte er immer: »Arbeiten kann man das ganze Leben. Zur Schule nur, wenn man jung ist!«

Die Schlesier waren in diesem Punkt anderer Ansicht. Der Adel, der durch körperliche Arbeit und Fleiß verliehen wurde, stand weit über einem Studium oder einem Büro. Kusenk Flipper ging zum Beispiel mit Ablauf der Schulpflicht sofort in die Holzfabrik von Chef Karl, wo er früh Geld verdiente.

Manchmal traf ich ihn auf einem Schützenfest und beneidete ihn. Er hatte eigenes Geld, rauchte »Ernte 23«, besaß einen Kamm und eine Sonnenbrille. Eigentlich hieß er gar nicht Flipper, aber er spielte gern an Automaten, und deshalb hat Papa ihn Flipper genannt. Schule war für ihn und viele andere Schlesier ein Zeichen der Schwäche. Einige vermuteten darin fast so etwas wie Klassenverrat, denn sie waren ein stolzer Stamm.

Geld zu haben war natürlich von großem Vorteil, vor allem, wenn es ein Volksfest gab, wo Karussells und andere Fahrgeschäfte aufgebaut wurden. Flipper setzte sich dann in den Autoscooter, fuhr locker ein paar Runden, und ich schaute ihm zu. Eigenes Geld zu haben war mein größter

Wunsch, aber der Zehnmarkschein und die anschließende Jagdreise waren noch in guter Erinnerung. So beschloss ich, einstweilen zur Realschule zu gehen. Die Schule und meine neuen Lehrer taten mir gut, und die Nervosität ging zurück, da ich viele neue Aufgaben bekam.

*

Früh am Morgen fuhr ich mit meinem Rad nach Bodenwerder und lernte bei Fräulein Höntze Englisch. Chris Roberts sang in diesem Jahr ein Lied, das die Schlesier nicht mochten: *Do you speak English*, towietatoo ...
Fräulein Höntze hatte ein Brille und dunkle Haare. Ich hatte schwarze Zähne und badete nur einmal in der Woche.
»This is Peter Pim«, sagte Fräulein Höntze, und ich wiederholte: »This is Peter Pim.«
So lernte ich Englisch. Es gab auch eine schlesische Tante, die behauptete, Englisch zu können. Papa glaubte es aber nicht. Sie trank ganz gern einmal ein Likörchen und wollte bei Familienfeiern immer in der Nähe der wichtigen Leute sitzen, also bei Papa, Tante Berta oder Onkel Rudi. Onkel Rudi war mein Patenonkel und arbeitete bei einem Rechtsanwalt, worunter ich mir übrigens nie etwas vorstellen konnte. Einmal, bei einem Geburtstagsfest, bat Onkel Rudi Papa, dass er ihm ein Taxi rufen sollte, woraufhin die schlesische Tante, die angeblich auch Englisch sprach, empört dazwischenrief: »Aber wozu denn ein Taxi? Ich kann Ihnen doch nach Hause fahren!«

Woraufhin Papa erwiderte: »Ihnen hat doch gar keinen Führerschein!«

Das hatte gesessen, aber es verdeutlichte auch, dass es in einer so großen Familie immer wieder zu Spannungen kommen musste. Die Angelegenheit wurde niemals wirklich ausgeräumt und lag jahrzehntelang wie ein Schatten über unserer Familie. Papa behielt die Redewendung sogar eine Zeitlang in seinem Wortschatz und fragte mich häufig: »Hat Ihnen denn schon für die Schule gelernt?«

»Kein schlechter Humor«, dachte ich mir.

*

»This is Peter Pim on his bicycle.« So geht Englisch.

In meiner Klasse gab es zwei Mädchen, neben denen ich gern gesessen hätte. Annette und Christiane. Sie hatten weiße Zähne und tolle Schulhefte. Sie wurden manchmal sogar von ihren Eltern mit dem Auto abgeholt, obwohl sie aus Bodenwerder kamen. Ich musste jeden Tag zehn Kilometer mit meinem Drahtesel runterreißen, um etwas gescheiter zu werden.

Ich beschloss, Annette und Christiane zu meinem nächsten Geburtstag einzuladen, und schrieb eine Einladung. Ich schrieb: »Liebe Annette. Hiermit lade ich dich zu meinem Geburtstag ein.«

Und ich schrieb auch: »Liebe Christiane. Hiermit lade ich dich auch zu meinem Geburtstag ein.«

Am nächsten Tag bin ich an ihren Mädchentisch gegangen und habe die Einladungen überreicht. Da haben sie mich ausgelacht, und ich habe mich geschämt. Zum Ausgleich habe ich meinem Klassenkameraden Buko den Stuhl unterm Arsch weggezogen, und er hat sich furchtbar den Schädel angehauen. Als Ausgleich habe ich dann von Friedel Höntze eine Ohrfeige bekommen. Eine mit Anlauf. Hinterher tat es ihr leid, aber es war schon okay. Wir Kinder waren damals aus einem anderem Holz geschnitzt als die verwöhnten Gurken von heute.

Außerdem durfte man zu Hause nix davon erzählen, sonst hätte es noch eine Naht obendrauf gegeben. Von wegen Gewalt und so.

*

»Wie geht es in der Schule?«, fragte Papa.

»Gut«, antwortete ich.

»Morgen gebe ich dir mal was für deine Lehrerin mit«, sprach er weiter, und ich sagte: »Ist gut.«

Papa war stolz, dass wir im Gegensatz zu den Schlesiern wirklich Englisch lernen durften, und er fühlte sich aus aufrichtiger Dankbarkeit hin und wieder dazu verpflichtet, meinen Lehrerinnen kleine Geschenke zu machen. Wenn er zum Elterabend ging, setzte er seine dicke Brille auf, nahm Aktentasche, Mantel, Stock und Hut, und bevor er sich auf den Weg machte, pflückte er aus Mamas Garten die schönsten Blumen und überreichte sie dann feierlich meinen Lehrerinnen.

Ich rechnete also mit Blumen oder einer Schachtel Pralinen, obwohl Mama immer darauf hinwies, dass ein von

Bruder Jürgen bearbeitetes Geschenk großen Schaden über die Familie bringen könnte.

Am nächsten Morgen weckte mich Mama wie gewohnt rüde um sechs Uhr, und als ich mein Sirupbrot aß, kam Papa in die Küche. Er hatte eine Ente geschlachtet. Sie war ausgenommen und gerupft, aber die Füße und der Kopf waren noch dran. Vermutlich damit man erkannte, um was für einen Vogel es sich handelte.

»Hier, für deine Englischlehrerin. Die soll sie sich braten«, sagte Papa und legte sie auf den Tisch. Ich hatte keine große Lust, sie mitzunehmen. Mich hatte ja schon immer der Turnbeutel genervt, wenn er am Fahrradlenker herumwackelte.

Die Ente kam in einen Beutel, den ich wieder mit nach Hause bringen sollte, und so hängte ich sie an den Lenker, setzte mich auf mein Rad und fuhr los. Ich wickelte die Träger des Beutels über die Handbremse und stieg in die Pedale. Ein paar Dörfer weiter trafen sich die Kinder aus den verschiedenen Dörfern an der großen Kreuzung, und man fuhr mit irgendwelchen Kumpels den Rest der Strecke. Einer meiner besten Mittelschulfreunde war Pieper aus Halle. Seine Mutter hatte eine Apotheke, und ich hatte eine tote Ente am Lenker.

»Was hastenda?«, fragte Pieper.

»Sagichnich«, war meine Antwort.

In der Schule gab es einen Fahrradkeller, aber bei schönem Wetter ließ ich das Rad draußen. Man musste es auch nicht abschließen, weil es eh niemand geklaut hätte. Ich nahm meinen Ranzen, packte den Beutel mit der Ente und betrat das Gebäude. Hausmeister Notbohm stand wie immer im Eingangsbereich unserer Schule und überwachte den Einmarsch der Schüler. Ich ging gern in diese Schule, und ich mochte auch Herrn Notbohm. Man erzählte sich, dass er früher einmal Boxer gewesen sei, und so zollten ihm auch die Galgenvogelkinder Respekt.

»Guten Morgen, Herr Notbohm«, sagte ich ordentlich und verschwand alsdann im Treppenhaus.

Unser Klassenraum war links oben in der ersten Etage. Klenke hatte Tafeldienst und schlurfte mit seiner Hemd-Pollunder-Kombination, die es einige Jahre zuvor im Textilhaus Haller zu kaufen gab, um den Lehrertisch herum. Er war der Einzige, der einen blauen Parka trug und den Gürtel immer fest zuschnürte. Er sah überhaupt bescheuert aus, weil er sich auch die Hosen immer bis unter die Achselhöhlen zog. Aber egal.

In der Klasse war die übliche Randale. Die Jungs knallten sich irgendwas an die Köppe, und die Mädchen steckten ihre Köpfe zusammen, um irgendwas zu tuscheln. Ich ging an meinen Platz und stopfte den Ranzen unter den Tisch. Für einen Augenblick wusste ich nicht wohin mit der Ente. Ich wollte nicht, dass jemand sie sieht, weil es eine Überraschung werden sollte. Also stopfte ich sie zu meiner Tasche unter die Bank, blieb sitzen und hielt sie fest. Christiane und Annette nahmen keinerlei Notiz von mir, sondern hockten über ihren Hausaufgaben, um gegenseitig ihre tolle Schönschreibschrift zu bewundern.

»Dumme Puten«, dachte ich. »Das wird meine Stunde. Und die Stunde der Ente natürlich.«

Papa hatte im letzten Sommer aus Beton einen Ententeich gegossen. Der Teich hatte sogar Stufen, sodass man hineingehen konnte, aber er hatte keinen Abfluss, sodass nach ein paar Tagen niemand mehr reingehen wollte. Es handelte sich um ein absolut stehendes Gewässer, das nach kurzer Zeit komplett mit Entengrütze überzogen war. Die Enten hielten, nachdem klar war, dass niemand den Tümpel sauber machen würde, in ihrer Gesamtheit Abstand zu der stinkenden Brühe, und als dann auch noch die Hühnerküken reihenweise darin ersoffen, wurde das Biotop von Mama stillgelegt. Den Enten war es egal.

Es waren im Übrigen Flugenten, denen Papa und Onkel Wilhelm die Flügel gestutzt hatten. Das ist übrigens ganz einfach. Man nimmt eine Schere, packt die Enten und schneidet eine komplette Reihe der Federn ab. Und zwar an beiden Flügeln, sonst drehen sie sich auf halber Höhe im Kreis. Fertig. Der Flatterreflex bleibt natürlich erhalten, aber sie heben nicht mehr ab. »Pat, pat, pat« macht es dann, und sie gucken blöde in die Landschaft.

»Good morning, boys and girls«, sagte Fräulein Höntze. Ich konnte die Ente riechen und stellte mir vor, wie sie versucht hatte wegzufliegen, als Papa mit dem Messer gekommen war.

»Good morning, Miss Höntze«, antwortete die Klasse. Ich schob einen Finger in den Schnitt, den Papa am Hals der Ente präzise angesetzt hatte, um sie ausbluten zu lassen. Dann zog ich sie vorsichtig aus dem Beutel.

»Open your books, please«, fuhr Elfriede Höntze freundlich fort. Während die anderen ihre Bücher rauskramten, erhob ich mich von meinem Platz und ging mit der Ente am ausgestreckten Arm zum Lehrertisch. Niemand sagte etwas. Nur ich. Als Spezialist für Entenhausen und Micky Maus wusste ich natürlich, was jetzt jeder von mir erwartete. Mein Text war gut durchdacht und wurde laut und deutlich zum Ausdruck gebracht.

»This is a duck! Ein Geschenk meines Vaters«, sagte ich und wartete auf Miss Höntzes answer.

Sie schaute mich fassungslos an. Ihre Hände klebten an ihrem schlanken Körper und ihre Nasenflügel zitterten leicht.

Was für eine Stille.

Ich hielt für alle sichtbar die Ente in der Hand, und wir schauten uns an. Ihre dunklen Augen und meine bunten Augen. Sie trug einen grauen Pullover und ich ein kariertes Hemd, das vor mir schon meine beiden Brüder getragen hatten. Sie trug eine Lehrerinnenbrille, und ich hatte nichts als meine langen Wimpern.

Ich wartete, dass sie das Geschenk endlich in Empfang nahm, aber sie tat nichts und schaute nur.

»Da ... die Ente ... ein Geschenk meines Vaters ... please.«

*

Fräulein Höntze war damals 30 Jahre alt. Ich legte ihr die Ente auf den Schreibtisch und ging, ohne mir die Hände zu waschen, wieder an meinen Platz. Annette wurde schlecht, und sie durfte nach draußen gehen. Ihre Freundin Christiane begleitete sie und konnte zuschauen, wie sie sich übergab.

Mein Papa hatte immer gute Ideen.

Die Schöpfung

Auf der Realschule schloss ich neue Freundschaften. Interessanterweise waren es Freundschaften mit Kindern, die aus verfeindeten Dörfern kamen. Wir führten zwar keinen Krieg, aber wir spielten gegeneinander Fußball. Besonders hart bekämpften wir uns mit Halle und Polle. Und gerade aus diesen Orten kamen meine Realschulfreunde: Kater, Pieper und Faupel. Faupel war Mannschaftsführer von Polle, Pieper von Halle und ich von Kirchbrak.

In Polle gab es einen Spieler mit langen Haaren, und immer wenn er den Ball hatte, riefen wir: »Haschisch!«, um ihn zu demotivieren. Das klappte aber nur solange, bis auch wir lange Haare hatten. Dann ließen wir uns was anderes einfallen.

Aber es kamen nicht nur neue Freunde. Die Religion rückte zeitweilig stärker in mein Leben. Wir waren konfessionell und zigarrentechnisch evangelisch und gehörten somit in die Herde von Pastor Schwertner. Er gab in der Schule den Religionsunterricht und am Nachmittag den Konfirmandenunterricht. Ich muss ehrlich sagen, dass ich mich an wenig erinnern kann. Das Aufregendste war ein Nachmittag, an dem der jüngste Sohn des Pastors die Tür des Konfirmandenzimmers aufriss und einen Korb mit Hühnern ausleerte, die dann wie wild zwischen uns herumflogen.

Ich war nicht uninteressiert an der Bibel, aber ich mochte solche Namen wie »Esau« nicht. Als der Pastor diesen Namen aussprach, dachte ich sofort an unsere Schweine und musste lachen. Als uns der gute Pastor dann noch erzählte, dass Esaus Bruder Jakob ihn mit einem Linsengericht um das Erstgeborenenrecht brachte, war meine Geduld am Ende. Linsen waren neben Michreis meine Lieblingsspeise, und ich brachte das alles nicht zusammen. Sobald ich den Namen Esau hörte, begann ich zu lachen. Da gab es dann Ärger und auch Tadel, denn in Glaubensfragen heißt es: »Seele vor Zwerchfell!«

Der Pastor neigte mir gegenüber überhaupt zur Strenge, denn ich kam oft nicht in die Kirche, weil ich Fußballspiele gegen meine Freunde zu absolvieren hatte. Zur Strafe musste ich extra Bibelarbeit leisten. Als ich irgendwann die Geschichte von Kabel und Babel erzählte und wissen wollte, woher sie ihre Frauen hatten, brannten auch bei ihm die Sicherungen durch, und er machte einen Hausbesuch. Unangemeldet erschien er in unserem Wohnzimmer und breitete seine Flügel aus, um darauf hinzuweisen, dass mein Seelenheil in Gefahr sei und ich brennen würde.

»Brennen! Ad maiorem Dei gloriam!«

Zum Glück ließen Mama und Papa sich nicht von Hochwürden beeindrucken. Sie wussten, dass eine neue und freie Zeit auf uns zukam und die Macht des Klerus gebrochen war. Dazu hatten zu viele von ihnen im Dritten Reich gute Miene zum bösen Spiel gemacht, und Papa hatte mit seinem Splitter das Nachsehen. Außerdem hat der Klerus jahrhundertelang dafür gesorgt, dass Flüchtlingskinder weiterführende Schulen nicht besuchen durften, sondern im Holzwerk wulacken mussten.

Der Herr Pastor sprach: »Andreas, der Herr hat heute eines seiner Lämmer im Gottesdienst vermisst.«

Und ich antwortete: »Das kann nicht sein, denn er hat mir im Kampf gegen die Feinde aus Halle beigestanden und mir drei Tore geschenkt.«

Bei meiner Ehre, so sprach ich.

Ich wurde trotzdem konfirmiert, bekam viel Bargeld und von meinem Onkel Rudi sogar eine eigene Armbanduhr. »Pass gut darauf auf!«, sagten alle. Zwei Wochen später war sie kaputt. Sie war meine erste und einzige Uhr. Ich habe mir angewöhnt, die Zeit ins Gefühl zu nehmen, und, wahrlich meine Brüder, ich irre mich selten.

Trotz dieser schwierigen Beziehung zur Kirche bin ich nie vom Glauben abgefallen, denn ich wusste schon früh, dass auch ich eines Tages eine Verabredung mit meinem Schöpfer haben werde. So habe ich versucht, mir einen eigenen Reim auf die Schöpfung zu machen.

*

Mein Evangelium ging so: Am Anfang herrschte Gleichgewicht. Im Universum von Raum und Zeit standen sich Gut und Böse gegenüber und hielten sich die Waage. Aber Böses gebiert Böses und wurde immer mehr. Das Gute wusste nicht, was es dagegen tun sollte, und sah mit Entsetzen, wie es verging. Als das Gute so gut wie vergangen war, hatte Gott, der Gute, die Idee, den Menschen zu schöpfen.

Als Gott den Menschen erschuf, tat er das im Bewusstsein, dass er seine eigene Zukunft und all seine Hoffnung in diese Gattung legte. Er schöpfte den Menschen nämlich so, dass er, der Herr, in ihm würde fortbestehen können. Will sagen, dass Gott seine Allmacht der Menschheit anvertraute.

Es war eine gute Idee, denn Gottes Werk kann von jedem Menschen bewahrt und fortgeführt werden. Und so sehen wir, dass Gott den Menschen braucht, um zu bestehen.

Aber kaum, dass Gott dies tat, betrat das Böse das Antlitz der Erde und tat das Seinige dazu. Der Flüsterer begriff schnell die Bedeutung der Schöpfung und nistete sich ein in die Geschicke der Menschen und werkelt bis auf den heutigen Tag daran, die Menschen zu verderben, um letzten Endes Gott zu töten.

Es ist also so, dass nicht nur der Mensch Gott braucht, um sich seiner paradiesischen Lebensversicherung sicher zu sein, sondern es ist auch so, dass Gott den Menschen braucht, um fortbestehen zu können.

Und so können wir das Gute weitertragen oder es verraten. Das Böse gebiert immer wieder Böses und stirbt nicht aus. Das Gute hingegen muss sich immer und immer wieder neu beweisen. Täglich beginnt es von null, und am Abend wissen wir, wer gewonnen hat. Es ist der schwierigere Weg, aber ich glaube, dass am Abend der Welten nach getaner Arbeit das Gute über 50 Prozent der Aktien halten wird.

Ich kann es nicht beweisen. Es ist nur so ein Gefühl. Auch ich musste einen Weg finden, um meine Algonkins vor Schubiak und seinen Truppen zu schützen, und so schenkte ich ihnen Nacku Nacku, Nackter Lulu und seine Frau Nackte Omazeit, um für anständigen Nachwuchs zu sorgen. Ohne sie wäre alles ganz anders gekommen. Ich sagte mir: »Die Liebe macht's!«

Jetzt unterbrach mich mein Zuschauer und fragte, ob es in meiner Religion auch ein Paradies gäbe? Ich dachte nach.

Als meine schlesische Oma Wanda verstorben war, habe ich kurzfristig über das Paradies nachgedacht. Da ich der Ansicht war, dass es sich bei dem Paradies um unseren Garten handelte, konnte ich mir nur schwer vorstellen, dass alle Toten irgendwann in unserem Garten auftauchen würden. So kam ich zu einer anderen Lösung.

Vielleicht ist es ja so, dass man in dem Moment, in dem man stirbt, einfach eine Linie überschreitet. Auf der anderen Seite ist man dann genauso alt wie im Augenblick davor, setzt dann aber sein Leben in die entgegengesetzte Richtung fort. Man wird wieder jünger und jünger, und irgendwann ist man wieder ein Baby. Nun kommt man an dieselbe Grenze zurück, steht aber auf der anderen Seite. Wenn man diese nun überschreitet, beginnt alles wieder von vorn. Warum nicht?

Das Schwein ist tot

Das Leben fand eigentlich immer zu Hause statt. Die Brüder kamen zu Hause zur Welt, und auch ich war eine Hausgeburt. Es gab aber nicht nur Hausgeburten und ärztliche Hausbesuche in diesen Tagen, sondern auch Hausschlachtungen. Dazu brauchte man tapfere Männer. Onkel Willusch war einer dieser Männer. Das Jahr über arbeitete er für Chef Karl im Holzwerk, und wenn es auf den Winter zuging, wurden die Messer gewetzt und die Schlachtsaison begann. Die damit verbundenen Arbeiten dauerten bei uns im Haus immer zwei Tage, und die Anwesenheit eines Priesters war nicht zwingend.

Unser Schwein, das einen eigenen Stall hatte, bekam gutes Futter und unsere Essensreste. Ich kannte es sehr gut, weil auch ich ihm gelegentlich Kartoffelschalen und Eicheln gereicht hatte. Der Tag der Wahrheit lag dann irgendwann im November / Dezember. Den Termin für die Hausschlachtung machte Papa mit Onkel Willusch persönlich.

Wenn dieser Tag dann kam, mussten die kleinen Kinder rauf in das Haus oder am besten ganz woanders hin. Erst wenn die Sau tot war, durften wir wieder auf den Hof, um zu helfen. Ich wusste aber, wie das Schwein sein Ende fand, denn ich hatte es mit Schwester Almuth im Jahr davor aus dem Fenster beobachtet.

Onkel Willusch war gut vorbereitet, wenn das Schwein aus dem Stall gelockt wurde. Doch Schweine sind sehr

Schwester Almuth. Der Bolzenschuss erschreckt Puppe und Kind.

klug, und manchmal wurden sie misstrauisch und versuchten, dem Schicksal ein Schnippchen zu schlagen, aber Papa, Willusch und die anderen Erwachsenen waren zu geschickt. Wenn das Schwein aus dem Stall kam, wurde es umzingelt, abgelenkt, und schon setzte Willusch den Bolzenschussapparat an, und die Kreatur war betäubt.

Der Bolzenschussapparat ist eine bayerische Erfindung und wird ein bis zwei Finger oberhalb mittig der Augen angesetzt und ausgelöst. Den Bolzen haut es dann, entweder von einer Feder oder einer Treibladung ausgelöst, mit Wucht durch die Schädeldecke des Tieres.

Bumm – dann kippt es um!

Wenn es lag, wurde es durch einen Schnitt in die Hals-
schlagader getötet. Einen Teil des Blutes fingen Mama
oder Tante Alide in einer Schüssel auf und begannen sofort zu rühren, damit es nicht gerann.

Geronnen Blut – tut keinem gut!

Ich weiß es deshalb so genau, weil ich Onkel Willusch
gefragt habe, wie sein Handwerk funktioniert, und da hat
er es mir genau erklärt. Wichtig ist, dass alles schnell und
ohne viele Unterbrechungen von der Hand geht, denn
ein frisch geschlachtetes Schwein ist sehr empfindlich
und anfällig gegen Keime.
Einmal fragte mich Onkel Willusch: »Kaukasus, warum
schlachten wir denn nicht im Sommer?«, und ich antwortete: »Weil das Fleisch in der Hitze schneller verdirbt!«
Ich war ein schlaues Kind.
Wenn die Sau ausgeblutet war, gab es die erste Runde
Schnaps. Dann wurde sie in den Trog gewuchtet. Jetzt
mussten die Frauen aus dem großen Kessel, den die Mama
schon früh angeheizt hatte, eimerweise heißes Wasser holen, denn nun wurde das Tier gewaschen und entborstet.
Beim Entborsten habe ich gern geholfen, denn ich bekam
einen Metallbecher, dessen Rand geschärft war. Damit
entfernten wir die Haare und Borsten von der Haut. Ich
mochte das Geräusch, das die Becher erzeugten, wenn sie
über die Haut gezogen wurden: chr chr chr chr.

Der Becher war quasi der Resonanzkörper, aus dem es herausklang. Und weil immer mehrere Leute gemeinsam schabten, konnte man nach einem gemeinsamen Rhythmus suchen und Musik machen. Ich dachte dann an die Rübenhacke und suchte nach einer zweiten Stimme. Aber Triolen eigneten sich nicht für derlei Arbeit. Wir gingen geradeaus zu Werke.

Das alles hatte eine große Ruhe, es sei denn, jemand hat geschrien, weil er sich am heißen Wasser verbrühte. Dann war die Musik noch unwichtiger.

Wenn das Schwein gesäubert und entborstet war, konnte ich mich ausruhen.

*

Jetzt musste es an den Haken gehängt werden. Willusch nahm eins seiner vielen Messer, schnitt die Hinterpfötchen auf und befestigte einen breiten Holzbügel an den Haxen. Dieser Bügel diente dann dazu, die Sau mit dem Kopf nach unten an den von Vater eigens in die Hauswand betonierten Schlachtehaken zu hängen. Wenn das erledigt war, gab es die zweite Runde Schnaps, und der Trog blieb leer zurück.

Manchmal schaute ich den leeren Trog an und dachte an den Silbersee und die Kanus, in denen die Indianer über das türkisfarbene Wasser gepaddelt sind.

Aber schon ging es weiter: Jetzt setzte Willusch einen präzisen Schnitt am Bauch an, denn die Eingeweide mussten raus. Und anstatt türkisfarben wurde es wieder rot.

Ich will nicht sagen, dass es übel gerochen hat, aber weil die Sau im Innern noch warm war, veränderte sich die Temperatur in der Nähe des Tierkörpers. Erst als sich Willusch daran machte, Magen und Därme auszuleeren und zu säubern, wurde es etwas aasig.

Die Erkenntnisse, die ich bei Onkel Willusch erwarb, halfen mir natürlich beim Spielen mit meinen Indianern. Das Leben zwischen ihren Wigwams wurde realistischer und authentischer. Weder Willusch noch meine Algonkins ließen irgendetwas verkommen – alles wurde verwertet. Da aber Schweine kein Fell tragen wie Büffel, musste ich lange auf einen guten Mantel verzichten.

*

Nachdem die Eingeweide sortiert und mit Essig gereinigt waren, wurden sie gesalzen und gekühlt. Am nächsten Tag wurde nämlich Wurst gemacht, und da wurden sie gebraucht. Bei uns gab es Wurst im eigenen Darm. Für Vegetarier ist das nichts.

Nun kam mein persönlicher Höhepunkt. Meister Willusch setzte das Fleischhauerbeil an und schlug das Schwein in zwei Hälften. Das Geräusch des Hackens war so anders als beim Hacken der Rüben. Mir lief immer ein leichter Schauer über den Rücken. Onkel Willusch hackte mit ruhiger Hand, und so öffnete sich der Leib, und aus der Kreatur wurde ein Lebensmittel. Dann kam der Trichinenbeschauer aus Breitenkamp. Er begutachtete das Tier und untersuchte es auf irgendwelche Krankheitsspuren, und wenn er zufrieden war, holte er den Stempel aus seiner Aktentasche und drückte ihn auf die Schwarte. Was so viel bedeutete, dass wir das Fleisch essen durften. Jetzt gab es für die Männer aber noch einen Schnaps, und die Sau blieb über Nacht am Haken hängen, um sich auszuruhen und nachzureifen. Wenn Papa sich dann seine Zigarre anzündete, ging ich hoch in die Küche, um ein Marmeladenbrot zu essen.

*

Am nächsten Tag kam Willusch früh in unser Langhaus, um aus den zwei Hälften alltagstaugliche Lebensmittel zu machen. Anfangs hatten wir keine Kühltruhe, sodass alles gekocht, gepökelt, eingelegt oder geräuchert werden musste. Da gab es nur in der ersten Woche nach der Schlachtung frischen Braten oder Koteletts. Das meiste wurde verwurstet und eingemacht. Überall standen Schalen mit Salz, Pfeffer, Majoran und Thymian, womit Wurst und Sülze schmackhaft gemacht werden sollten. Wir Kinder wurden beauftragt, in Milchkannen frische Schlachtebrühe zu den Nachbarn und Verwandten zu bringen. Man sprach ja nicht umsonst vom »Schlachtefest«, und daran sollten alle ein bisschen teilhaben. In unserem Keller dampften den ganzen Tag Töpfe und Kessel, während Willusch schnitt, schnippelte und hackte. Fertige Würste wurden zum Räuchern auf Rundhölzer gezogen, Schinken gesalzen, bis die Schwarte krachte, und am Himmel ließen sich Habichte von der Thermik durch die Lüfte tragen. Alles in allem ein guter Tag für unsere Familie, denn die Freude siegte über die Nervosität, die nur hier und da aufblitzte, wenn etwas nicht an seinem Platz war. Und es war auch ein guter Tag für die anderen Tiere, denn sie wussten, wenn sie es denn wussten, dass sie einstweilen aus der Schusslinie waren.

Wenn dann am Abend die Arbeit erledigt war, saßen wir in unserem Wohnzimmer an einer langen Tafel und aßen frisches Steak und Mett, bis es gut war. Am besten aber war die hausgemachte Bratwurst.

*

Es waren gute Jahre. Dann hatte Onkel Willusch seinen Bandscheibenvorfall und der Termin, den er mit Papa gemacht hatte, wurde abgesagt. Also musste ein anderer Schlachter kommen. Ich hatte ein komisches Gefühl, denn ich mochte es nicht, wenn sich bewährte Dinge verändern sollten.

Sein Name war Käse, und ich war überrascht, dass jemand mit so einem Namen Hausschlachter war. Er war schon 70 Jahre alt und verfügte über viel Erfahrung. Im Sommer arbeitete er als Maurer, und wenn sich dann die kalte Jahreszeit einstellte und auf dem Bau wegen »Schlechtwetter« nicht geschafft wurde, fand er sein Auskommen, indem er schlachtete. Nun kam er also zum ersten Mal zu uns, und ich war von Anfang an dabei und habe geholfen, die Sau einzufangen.

Ich kannte mittlerweile den Ablauf und fühlte mich wie

ein alter Hase, den so schnell nichts mehr umwerfen konnte. Bruder Jürgen und Schwester Almuth waren da zarter besaitet. Im Jahr zuvor kam Jürgen, er war schon bei der Bundeswehr, just in dem Augenblick auf Wochenendurlaub, als Willusch die tote Sau abbrühte. Als mein Bruder die Situation erkannte, legte er den Rückwärtsgang ein und fuhr zurück in die Kaserne, wo es friedlicher zuging als auf unserem Hof.

Nun setzte Herr Käse den Bolzenschussapparat an, drückte ab, und die Sau kippte auf die Seite. Nachdem sie ausgeblutet war, wuchteten wir sie mit Hilfe von Onkel Wilhelm und Onkel Heino in den Trog und setzten unsere Becher und Messer an, um die Borsten von der Schwarte zu schaben. Natürlich gab es davor den obligatorischen Schnaps, doch urplötzlich griff sich Schlachter Käse an die Brust, riss die Augen auf und schaute zum Himmel. Mit einem Seufzer sackte er zusammen und fiel auf die Sau im Trog.

Mein Vater war wie von Sinnen und rief voller Verzweiflung: »Mörder! Mörder! Einen Doktor. Wir müssen Dr. Bunnemann holen. Hilfe!«

Dann packte er mich am Kragen und schrie mich an: »Los, du rennst jetzt zum Telefon und rufst den Arzt!«

Ich machte mich auf den Weg in Vaters Büro, um bei Bunnemann anzurufen, aber Mama hielt mich kurz fest und flüsterte mir ins Ohr: »Für den kann niemand mehr was tun. Du rufst zuerst bei Willusch an und fragst, ob er kommt. Erst danach rufst du den Doktor!«

Mama behielt wie immer einen kühlen Kopf.

*

Dr. Bunnemann und Willusch kamen gleichzeitig an und waren beide in Weiß gekleidet. Nur dass Willuschs Schürze aus Plastik war und der Kittel von Bunnemann aus Baumwolle. Als kurze Zeit später auch noch Polizei und Leichenwagen auf dem Hof standen, fühlte ich mich irgendwie verantwortlich, aber niemand schaute mich an. Während der Arzt den Totenschein ausstellte und Onkel Wilhelm den Polizisten den Hergang schilderte, blieb Mama wortlos. Ihre Blicke lagen auf der Sau im Trog, und als sie dann Willusch anschaute, wusste ich, was sie dachte. Einen Augenblick später sprach sie es auch aus: »Wir müssen jetzt an das Schwein denken!«

Mein armer Papa war nervlich am Ende und mochte sogar kein Bier mehr trinken.

Ich schon.

Das Auto

Während ich weiterhin die Realschule besuchte und gut lernte, konnte ich spüren, wie die Welt größer wurde. Im Fernsehen sah man Trickfilme aus Amerika, und im Kino gab es Oswald Kolle. Wir bekamen immer öfter Besuch aus Bremen und Wolfsburg, und irgendwann wurde Wolfsburg zum Dreh- und Angelpunkt des sich abzeichnenden Fortschritts.

Onkel Günther arbeitete als Koch im Volkswagenwerk in Wolfsburg und fuhr einen VW Käfer. Die Mitarbeiter von VW hatten das große Privileg, den Käfer zu besonderen Bedingungen zu bekommen und ihn dann nach einem Jahr als Jahreswagen weiterverkaufen zu können. Dieser Kontakt sollte unserem Dorf in den kommenden Jahren zu einer bis dahin unbekannten Mobilität verhelfen. Es war wie die Hemd-Pollunder-Kombination aus dem Textilhaus Haller. Irgendwann stand eben vor jedem Haus in unserem Dorf ein VW Käfer. Die Übergabe erfolgte meistens auf einem kleinen Parkplatz vor dem Firmensitz der Firma Blaschek.

Blascheks kamen ursprünglich aus dem schlesischen Kattowitz und waren spezialisiert auf Handarbeiten und Nähkunst. Vom lebhaften Handel mit Gebrauchtwagen wussten sie nichts.

Bruder Hans Günther war der Erste, der den Führerschein machte, denn er war ja auch der Älteste. Die

Die Wolfsburger und Kaukasier bei der Übergabe

Ausbildung erfolgte durch Herrn Lang aus Buchhagen und fand direkt vor unserer Haustür statt. Prüfung machte man natürlich in Holzminden, weil es dort Ampeln, Einbahnstraßen und kleine Parkplätze gab. Bei uns gab es weder Einbahnstraßen noch Ampeln, und im Grunde war die ganze Gegend ein freier Parkplatz.

Die ersten Autos, die es bei uns gab, gehörten dem Adel, dem Klerus und dem Lehrer. Später kamen dann die Bauern und die Handwerker dazu. Und noch später das Volk. Und so kam dann auch bei uns die Zeit, um sich dem Fortschritt hinzugeben. Ein VW war für unsere Familie allerdings zu klein, und so wurde ein Opel Rekord angeschafft. Aufgrund der Farbe bekamen wir ihn billiger. Er war giftgrün.

Nachdem Bruder Günther die theoretische und praktische Prüfung erfolgreich bestanden hatte, lud der Vater die Familie zur Jungfernfahrt. Mama, Bruder Jürgilein, Almuth, Mausi und ich saßen hinten. Papa trug die Stresemannhose, seinen guten Mantel, Brille, Aktentasche und Hut. Das Auto roch neu, und Mama verbot mir sofort, meine Nase an die Scheiben zu drücken, damit es keine Fettschlieren gab. Auch Jürgi sollte seine Finger von allem weglassen, was man drehen, drücken oder ausklappen konnte.

Den Geruch von neuem Kunststoff mochte ich nicht, aber wir mussten die Fenster zulassen, damit es keinen Zug gab. Irgendwann waren wir alle drin und warteten auf das Oberhaupt. Er saß natürlich vorn neben dem ältesten Sohn, der jetzt unser Chauffeur wurde. Bevor der Vater einstieg, zündete er sich zur Feier des Tages noch eine seiner evangelischen Zigarren an. Die Fahrt ging nach Polle zum Kaffeetrinken. Mama schaute mich scharf an und drohte: »Wehe, du zappelst. Wenn dein Bruder uns dann totfährt, bist du schuld!«

»Na klar, wer auch sonst!«, zischelte ich zurück.

Hans Günther startete den Opel und fuhr los. Es war ein Benziner mit Schaltung. Ich weiß nicht mehr, wie viel PS er hatte, aber er hatte mit Sicherheit mehr als Papas Betonmischer. Kaum waren wir auf der Straße, begann Papa sofort zu kommandieren.

»Langsam!«

»Da lang!«

»Aufpassen!«

»Jawoll!«

»Bist du verrückt?«

Auf der Rückbank wurde es eng. Wir waren es zwar gewohnt, wenig Platz zu haben, aber wir bekamen kaum Luft. Auch die Sicht verschlechterte sich, weil Vater ein guter Raucher war.

»Wo ist der Aschenbecher?«, fragte er den großen Sohn, und der tastete sich über die Konsole, um den Aschenbecher zu öffnen.

»Ein guter Wagen, oder? Alles drin«, befand Vater und drehte sich zu uns um. Zu jener Zeit trug er eine große schwarze Hornbrille, mit der er fast wie einer der Panzerknacker aussah.

Er zeigte seine Zähne und freute sich, dass der Fortschritt in unserer Familie angekommen war.

»Wir werden immer einen Parkplatz in der Stadt bekommen, weil ich was am Kopp habe!«, sagte er und kramte seinen Schwerbehindertenausweis aus seiner Brieftasche.

»Es werden jetzt überall in Deutschland Schwerbehindertenparkplätze eingerichtet, und wenn man so einen Ausweis hat, darf man sich dort hinstellen. Außerdem zahlen wir für den Wagen weniger Steuern, weil ich zu 100 Prozent schwerbeschädigt bin. Onkel Lothar ist nur zu 50 Prozent schwerbeschädigt. Halbe Arbeit. Wie immer!«

Dann drehte er sich wieder um und sagte: »Bitte das Radio anmachen!«

Ein Autoradio war etwas ganz Besonderes, denn man konnte beim Fahren Musik oder Nachrichten hören. Einer meiner Lieblingssender war der Deutsche Soldatensender, aber den konnten wir auf der Jungfernfahrt nicht empfangen. Wir konnten überhaupt gar nichts empfangen, denn Bruder Günthi hatte vergessen, die Antenne herauszuziehen. Das Radio rauschte, und der Vater begann zu schimpfen.

»Was soll das? Wozu bezahl ich das denn alles? Die wollen mich betrügen! Denen werde ich was erzählen! Ausmachen! An die Wand stellen! Das nächste Mal nehmen wir ein Auto von Onkel Günther!«

Und der eingeklemmte Jürgi, der als nächster den Führerschein machen würde, ergänzte: »Am besten zwei!«

Der große Bruder fuhr eigentlich sehr gut, aber jetzt musste mal ein Fenster geöffnet werden, da mir und Almuth schlecht wurde. Es muss wohl an der kurvenreichen Strecke gelegen haben. Man konnte aber nur vorne die Fenster herunterkurbeln, hinten nicht. Hinten gab es keine Fenster. Hinten gab es gar nichts. Nur uns. Eigentlich wäre es am besten gewesen, wenn Papa das Fenster geöffnet hätte, aber er wusste nicht wie, und außerdem hielt er die Zigarre in der rechten Hand, also kurbelte Hans Günther sein Fenster runter, und somit waberte der ganze Zigarrenqualm zu ihm rüber.

»Es zieht!«, herrschte ihn der Vater an, und schon war das Fenster wieder zu.

Kurze Zeit später mussten wir anhalten. Wir vertraten uns ein bisschen die Beine, schnappten Frischluft, übergaben uns, und dann ging es auch schon weiter. Ab Bodenwerder ging es nur noch geradeaus an der Weser entlang. Es gab so gut wie keine Kurven mehr, und die Laune entspannte sich.

Während der Pause wollte ich die Antenne rausziehen, aber Jürgen war schneller. Jetzt hörten wir Nachrichten. Musik wäre uns natürlich lieber gewesen, aber Vater musste wissen, was die Bahamas bei den Vereinten Nationen zu suchen hätten. Außerdem wurde davon gesprochen, dass man einem gewissen Paul Getty, der zuvor in Rom entführt worden war, ein Ohr abgeschnitten hatte. Das fand ich ziemlich interessant, und ich begann mir vorzustellen, wie das wohl aussah.

Almuth war kreidebleich, und ich dachte daran, wie ihr wohl die Solebäder bekommen wären. Mausi schien das alles nichts auszumachen. Sie saß bei Mama auf dem Schoß, war guter Dinge und nuschelte immer: »Auto fahren!«

Ausflugsziel war die Poller Burg. Hierzu muss ich anmerken, dass Polle genau wie Hameln und Bodenwerder an der Deutschen Märchenstraße liegt. Die Symbolfigur Polles ist das Aschenputtel, und seit Tausenden von Jahren gibt es in Polle eine Laienspielgruppe, die dieses Märchen in den Sommermonaten den Gästen aus der ganzen Welt vorstellt. Dann kommen Besucher aus Pegesdorf, Dölme und Rühle. Im Rahmen der Kaukasischen Gemeindekriege ist Polle allerdings an das übermächtige Bodenwerder gefallen und verlor weitestgehend seine Selbstständigkeit. Aber nun zurück zur Jungfernfahrt. Während mein Bruder das Auto lenkte, erklärte uns der Vater, dass eine neue Zeit bevorstünde. Er sprach von Bildung, Schule und der immer fortschreitenden Motorisierung.

»Das ist erst das erste Auto!«, sprach er. »Andere werden folgen, wenn es so weit ist.«

Im Innern der Poller Burg

Bruder Jürgen stimmte zu, Mama erwiderte: »Zuerst
wird der Kredit abbezahlt.«

Nun waren wir am Ziel, und es gab Eis für die Kinder und
für Mama und Papa Kaffee und Kuchen. Danach ging es
wieder heim.

Als Mama wieder auf den Kredit zurückkam, hörte Papa
schon gar nicht mehr hin. Er sah vor seinem inneren Auge
bereits den familiären Fuhrpark. Und er sollte Recht behalten. Was er nicht ahnte, waren die Folgen. Das Auto
machte unsere Welt kleiner, als sie bis dahin schien, und
so sollten wir Kinder, bis auf Mausi natürlich, Autofah-
ren lernen und uns in alle Himmelsrichtungen auf den
Weg machen.

Aber das ist eine Binsenweisheit, die schon der Prophet Mohammed seinen Muslimen mit auf den Weg gegeben hat.

»Die Juden gingen in 71 Richtungen. Die Christen in 72. Ihr aber werdet in 73 gehen.«

Schon damals in der Poller Burg wusste ich, dass ich die meisten Richtungen einschlagen würde. Und beim Barte des Propheten, die Zigarre wies mir den Weg.

Onkel Berti

Armer Papa. Es war nicht nur das Auto. Mit den Jahren zeichnete sich der technische Fortschritt auch in den Wünschen der Mutter ab. Irgendwann begann der Einzug der elektrischen Geräte in den Haushalt, und es sollten viele werden.

Das Gerät, das unser Leben neben dem Auto am stärksten veränderte, war die Kühltruhe oder nur Truhe, wie sie von Mama fürderhin genannt wurde.

»Das kommt nicht weg. Das kommt in die Truhe«, hieß es immer, wenn etwas übrig blieb. Und so kam viel in die Truhe, um dort zu frieren. Später, wenn es überhaupt aufgetaut wurde, begann das eine oder andere zu schnappen, und so gewöhnten wir Kinder uns an, vorsichtig zu sein, wenn etwas aus der Truhe kam.

Die Truhe half uns aber auch dabei, die Schnitzel und Koteletts unserer Hausschweine haltbar zu machen. Früher gab es nur direkt nach der Schlachtung frisches Fleisch oder guten Braten, und nun war es ein Leichtes, auch später vom eigenen Tier zu essen. Papa war anfangs dagegen, aber auch er gewöhnte sich daran.

Und so begab es sich, dass wir eines Tages Besuch bekamen. Ich erinnere mich gut, weil ich gerade in der Küche saß und einem Strang Rippchen beim Auftauen zusah.

Über dem Küchentisch hing ein Fliegenfänger. Die Fliegen wurden vom Geruch angelockt, blieben hängen und machten anschließend ihr Testament. Ich mochte keine Fliegen, da ich Opa Böhnigs Worte gut im Gedächtnis hatte, dass Insekten die Elefantiasis übertrugen. Wenn sie dann festklebten und vor sich hinbrummten, konnten sie in dieser Hinsicht jedenfalls keinen Schaden mehr anrichten. Und so befürwortete ich diesen Brauch.

In heißen Sommern, wenn die Zahl der Fliegen überhandnahm, wurde auch reichlich von der Fliegenklatsche Gebrauch gemacht, wobei Mama die fliegenden Nervensägen während der Arbeit einfach mit der Hand im Flug fing, um sie anschließend auf den Boden zu werfen, sodass der Kleber überflüssig wurde. Mutter war die Schnellste. Die Fliegenklatsche wurde irgendwann zum Spielzeug unserer Schwester Geli. Sie knallte sie überall hin, allerdings, ohne den Fliegen Beine gemacht zu haben. So spielte sie auf ihr Gitarre, benutzte sie als Spiegel oder versteckte sie und freute sich, wenn sie gesucht wurde. Mama fragte dann immer ganz verzweifelt: »Wo ist denn diese verdammte Fliegenklatsche schon wieder?«

Da hatte unsere Schwester ihren kleinen Spaß. Man kann wirklich sagen, dass sie gern Dinge verschwinden ließ. Vor allem, wenn es sich um Dinge handelte, die ihrer Meinung nach nicht am richtigen Ort lagen. Denn auch sie hatte, trotz der Behinderung, einen ausgeprägten Ordnungssinn, dem auch schon mal ein 50-Mark-Schein zum Opfer fallen konnte, sofern er an der falschen Stelle lag.

Geld spielte in Mausis Leben keine große Rolle, umso mehr genoss sie es, wenn Schwester Almuth mit ihr ein

Gläschen Sekt trank und die Musik stimmte. Sie war überhaupt sehr gesellig und sinnlich. Darüber hinaus konnte sie Schlagzeug spielen. Rhythmen stellten für sie keine große Herausforderung dar. Sie hatte es einfach im Blut.

Aber an jenem Tag war sie nicht daheim, sondern ging ihrer Arbeit in der Beschützenden Werkstatt der Lebenshilfe nach.

*

So weit, so gut. Als es also klingelte und sich niemand daranmachte, die Tür zu öffnen, unterbrach ich meine Beobachtungen und ging in Richtung Veranda. Vor unserer Tür stand ein fremder Mann, und ich beschloss, ihn zunächst noch warten zu lassen. Wir sollten niemanden hereinlassen, den wir nicht kannten, und so lief ich ins Haus zurück und suchte Mama oder Papa. Ich schien allein zu sein und musste eine Entscheidung treffen. Ich beschloss also, die Tür zu öffnen und den Mann nach Name, Herkunft und Ursache des Besuchs zu fragen. Der Mann rauchte eine gute katholische Zigarre, und vor dem Haus sah ich einen großen teuren Wagen stehen. Keine Frage, der Mann hatte Geld. Ich fragte, wer er sei, und er sprach mit einer geübten Stimme: »Mein Name ist Bertolt Brecht, und ich komme aus Augsburg. Ich bin ein Theaterdirektor.«

»Und zu wem wollen Sie?«, fragte ich weiter, und er sage: »Ich suche den kleinen Kaukasus.«

»Das bin ich«, freute ich mich und führte ihn in unsere Küche. Augsburg kannte ich sehr gut von der gleichnamigen

Puppenkiste. Ich war vertraut mit Kater Mikesch, dem Ziegenbock Bobesch und Paschik, dem Schwein. Sie alle kamen aus Augsburg, und so rührte mich kein Misstrauen, sondern Neugier, als Herr Brecht in unserer Küche saß.

»Darf ich Ihnen etwas anbieten, Herr Brecht? Einen ›Jägermeister‹ vielleicht? Oder ein Bier? Wir haben auch eine neue Kaffeemaschine, aber ich kann sie nicht bedienen.«

Das fragte ich meinen Besuch, und er sagte freundlich, dass ich, aber nur wenn ich es wollte, Onkel Berti zu ihm sagen dürfte.

»Wenn du mich so fragst, hätte ich am liebsten Kaffee. Zeig mir doch mal die Maschine, vielleicht kann ich sie bedienen.«

Ich zeigte ihm unser neues Gerät.

»Das ist doch ganz einfach. Wo hat deine Mama denn die Filter und den Kaffee?«

Der Kaffee stand seit einem halben Jahrhundert immer in derselben Dose in derselben Klappe desselben Küchenschranks, und die Filter hingen an einem speziellen Kistchen an der Wand über der Brotmaschine.

»So. Schau mal her. Du klappst hier oben den Deckel auf und legst das Filterpapier ein. Hier den Rand musst du aber vorher abknicken. Jetzt kommt das Kaffeepulver in den Filter. Dann gibst du Leitungswasser für sagen wir mal vier Tassen hinein. Jetzt stellst du die Kanne unter den Filter. Einschalten und warten, bis der Kaffee durchgelaufen ist.«

Dann setzten wir uns wieder an den Küchentisch. Der Mann war mir sympathisch, und wir begannen unsere Unterhaltung. Ich erzählte ihm davon, dass Papa es nicht so gut fand, dass Mama bei Versandhäusern bestellte und dass er unter der Aromadiktatur von Maggi und Dr. Oetker leiden musste. Ich erklärte ihm auch die Funktionsweise des Fliegenfängers und deutete an, dass der Bäckerwagen bestimmt bald kommen würde. Ich spekulierte darauf, dass er zwei Bärentatzen kaufen würde oder vielleicht sogar Nussecken. Doch bevor der Bäcker hupte, kam Papa in die Küche. Er hatte gerade die Tiere gefüttert und trug die gute Stresemannhose. Ich ergriff sofort die Initiative und sagte: »Hallo, Papa. Das ist Bertolt Brecht. Er ist Theaterdirektor in Augsburg. Ich darf Onkel Berti zu ihm sagen.«

Papa freute sich über den Besuch und sagte: »So was Schönes. Ich bin der Vater des Jungen. Ich bin Zoodirektor.«

Brecht sagte freundlich, dass er zwar aus Augsburg käme, aber gegenwärtig in Berlin lebte.

Papa setzte sich zu uns und sagte: »Berlin? Großartige Stadt. Hat im Krieg einiges abgekriegt. Genau wie ich. Ich habe noch immer was am Kopp. Wie können wir helfen?«

»Ich wollte nur mal nachfragen, ob mit dem Akkordeon noch alles in Ordnung ist.«

Plötzlich entstand eine große Pause und nach einer kleinen Ewigkeit antwortete Papa: »Selbstverständlich, alte Kanone!«

Und ich erinnerte mich plötzlich, dass ich den Namen auch schon einmal gehört hatte. Also nicht die alte Kanone, sondern Onkel Berti. Aber mir blieb nicht viel Zeit. Am Röcheln der Kaffeemaschine hörte ich, dass der Kaffee durchgelaufen war, und ich stand auf, um Kaffeetassen zu servieren.

»Nimm Goldrandgeschirr, Kind!«, forderte mich mein Vater auf. Dazu musste ich in die Stube, denn das gute Geschirr und das gute Besteck wurden in der Stube im guten Wohnzimmerschrank aufbewahrt. Dadurch entstand eine gute Ordnung, die das Alltägliche vom Besonderen unterschied. Am Goldrandgeschirr erkannte man die Besonderheit des Augenblicks. Mama hätte sich gewünscht, dass auch die Stresemannhose den erhabenen Augenblicken des Labens vorbehalten geblieben wäre. Allein der Vater wollte nicht.

Nun saßen Zoo- und Theaterdirektor in unserer Küche und tranken Bohnenkaffee aus Goldrandtassen. Brecht erklärte uns, dass er in Augsburg aufgewachsen war, aber schon seit ein paar Jahren in der DDR lebte. Im Dritten Reich war er im Exil in Amerika gewesen und hatte nach seiner Rückkehr helfen wollen, den Sozialismus aufzubauen.

Vater sagte daraufhin: »Weil wir gerade davon gesprochen haben. Ich zeige Ihnen einen Trick. Sehen Sie? Hier ist ein Magnet.«

Er nahm den Magnet und hielt ihn sich an die Stirn.

»Und nun passen Sie genau auf. Vielleicht können Sie das sogar in Ihrem Theater gebrauchen!«

Jetzt ließ er den Magnet los, aber anstatt der Schwerkraft folgend herunterzufallen, blieb er an der Vaterstirn hängen.

»Ein Schrapnell aus russischem Stahl.«

Onkel Berti amüsierte sich hintergründig und machte sich ein paar Notizen in sein Theaterbüchlein. Es gefiel mir, wie er an unserem Tisch saß und schrieb. Ich dachte mir, dass auch ich vielleicht einmal solch ein Büchlein haben könnte. Immerhin hatte ich schon für das Textilhaus Haller ein Werbegedicht erfunden. Ich überlegte kurz, ob ich es Onkel Berti zeigen sollte, aber ich traute mich nicht. Stattdessen machte ich mir einen kleinen Reim auf unseren Besuch.

Der bot nun Papa eine seiner katholischen Zigarren an und erzählte weiter.

Bertolt Brecht, der alte Knecht

195

Papa und ich hörten genau zu. So ein Besuch war selten. Ich wusste, dass der Sozialismus, sofern die richtigen Leute beisammen waren, oft zu Streit führte. Dieses Mal aber kam es nicht zum Streit. Herr Brecht würdigte den technologischen Fortschritt in der DDR und verwies auf ein altes Zitat von Lenin: »Sozialismus. Das ist Sowjetmacht plus Elektrizität.«

Papa war begeistert, denn wir bekamen gelegentlich Besuch aus der DDR, der sich gut mit elektrisch geladenen Zäunen auskannte. Vielleicht dachte Papa auch an seine andere Familie, die Onkel Berti und den anderen dabei helfen würden, den Sozialismus mit aufzubauen. Da war der Zaun vielleicht doch keine so schlechte Idee.

Ich war richtig aufgeregt und lief in das Zimmer, in dem die ganzen Bücherstützen standen, die wir immer von den Verwandten aus dem Osten geschickt bekamen. Sie waren aus Kiefernholz zusammengeleimt und mit Motiven dekoriert, die man mit einem Lötkolben hineingebrannt hatte.

»Hier, Onkel Berti. Schau mal. Diese ist sogar lackiert.« Ich zeigte sie unserem Theaterdirektor, und er freute sich sichtlich, dass er in einem Haus gelandet war, in dem die Bücher gut gestützt wurden. Was er nicht wusste, war, dass es keine gab. Aber es kam noch besser. Papa forderte ihn auf, mit hinauszukommen.

»Wir machen einen Rundgang, und ich zeige Ihnen meine Kolchose«, sagte Vater und bat unseren Gast nach draußen. »Ich werd Sie auch meiner Frau vorstellen. Die ist im Garten am Wulacken.«

Brecht fragte nach, da er das Wort »wulacken« nicht kannte, und Papa erklärte ihm, dass es sich um einen kaukasischen Begriff für ungestümes Arbeiten handelte. Onkel Berti nickte verständnisvoll und zückte abermals seinen Block.

Als Erstes zeigte Papa Onkel Berti seinen Betonmischer und verwies auf die Länge unseres Hauses. Ich sah, wie Onkel Berti sich Notizen machte, als Papa ihm erklärte, wie man den Beton anmischte, um dann eine Mauer zu bauen. Womit ich nicht sagen will, dass Onkel Berti für den Bau der Mauer verantwortlich war. Ich glaube, dass es ihn traurig gemacht hat, denn sie war ja nicht als Verfremdungseffekt gedacht worden.

Nun sah ich, dass sich die beiden Raucher gut verstanden, und hielt mich zurück, obwohl ich noch viele Fragen stellen wollte.

Onkel Berti gefiel es, dass Vater unser Grundstück als Kolchose bezeichnete. Er schlug uns vor, Mais anzubauen. Mais war nämlich Chruschtschows Lieblingspflanze. Nikita sagte immer: »Mais, das ist die Wurst am Stängel!« Leider waren die Böden in der DDR nicht dafür geeignet, und die Ernten fielen entsprechend schlecht aus. Unser Land dagegen schien ideal für den Maisanbau zu sein. Ich hörte zu und überlegte, warum die Menschen vom Theater so viel von Landwirtschaft verstanden.

Papa erklärte Onkel Berti, dass wir viel Geflügel verlieren, weil der Habicht immer wieder herabstieß, um sie zu schlagen. Onkel Berti machte einen Vorschlag, den Mama später empört zurückwies.

»Durch die fortschreitende Zivilisation und die zuneh-mende Bebauung wird der Lebensraum dieser Greifvögel immer weiter eingeschränkt, sodass sie ihre Beute kaum noch vorfinden. Halten Sie sich deshalb für den Habicht ein paar Hühner mehr.«

Das klang sehr klug und einleuchtend. Für Mama war das allerdings ein Sakrileg. Die Vorstellung, Hühner aufzu-ziehen, nur damit sie vom Habicht gefressen wurden, war für sie undenkbar. Am Abend sagte sie: »Dann kann der Habicht ja gleich mit am Tisch sitzen!«

So sprach die Mutter und, wahrlich meine Brüder, sie blieb nicht nur beim Wort. In den folgenden Jahren hat sie mit Onkel Erwins Hilfe eigenhändig drei Habichten das Lebenslicht ausgeblasen.

Ich fragte Onkel Berti, ob ich mich in sein Auto setzen dürfte, denn so ein schönes Auto gab es in unserem Dorf nicht. Vater wollte es verhindern, aber unser Gast sagte: »Geh du nur. Der Wagen ist offen. Aber nicht die Hand-bremse lösen.«

Ich lief so schnell ich konnte unseren Weg hinauf und setzte mich in die Limousine. Ich stellte mir vor, dass ich selber einmal Theaterdirektor werde. Ich wusste, wie man große Schlachten inszenierte und dass die Liebe eine große dramaturgische Rolle spielte. Auch wusste ich, dass man klarstrukturierte Charaktere benötigte, um einer Handlung Kraft und Kontur zu geben. Ich überlegte, ob ich Onkel Berti Nacku Nacku und Schubiak vorstellen sollte. Aber dazu kam es nicht mehr. Papa hatte zu dieser Zeit bereits Pläne für meine künstlerische Zukunft, und so kam es ihm gerade recht, dass Onkel Berti plötzlich bei uns auftauchte. Sie sprachen über Ensembles, Besetzungen und Instrumentenkunde. Onkel Berti kannte sich mit Musik gut aus, denn er hatte mit Kurt Weill und Paul Dessau schon einiges an musikalischen Erfahrungen gesammelt. Er selber konnte sogar ein bisschen Gitarre spielen.

Ich habe nicht gehört, was sie im Einzelnen alles besprochen haben, aber ich bin überzeugt, dass Papa sich den einen oder anderen Tipp von ihm geholt hat.

*

Ich hatte noch so viele Fragen an Onkel Berti, aber ich kam nicht mehr dazu, sie ihm zu stellen. Das, was Papa einen Rundgang nannte, zog sich nämlich aufgrund unserer baulichen Gegebenheiten ziemlich in die Länge. Die beiden gingen bis zur Eisenbahnbrücke hinunter. Dort machte Onkel Berti noch ein Foto von meinem Vater.

Als die beiden zurückkamen, wurde es schon dunkel, und unser Gast verabschiedete sich, obwohl Mama schon dabei war, die Rippchen für das Abendessen herzurichten.

»Ich muss zurück nach Berlin. Ich habe morgen Premiere.«

»Was ist Premiere?«, wollte ich wissen, und Onkel Berti sagte: »Wenn ein Theaterstück zum ersten Mal gespielt wird, dann nennt man das Premiere.«

»Und wie soll dein Stück heißen?«, fragte ich weiter, und er sagte: »*Der kaukasische Kreidekreis.*«

Der Vater im Feld

»Auf Wiedersehen, Onkel Berti.«

»Auf Wiedersehen, mein Freund.«

So sprach er und machte sich auf seinen Weg.

*

Ich weiß natürlich, dass diese Geschichte nicht stimmt, denn Onkel Berti ist zwei Jahre vor meiner Geburt gestorben, und *Der kaukasische Kreidekreis* wurde sogar noch eher, nämlich im November 1954, in Berlin aufgeführt. Aber ich bin mir sicher, dass, wenn er zu uns gekommen wäre, es sich genauso zugetragen hätte. Da bin ich mir sogar wirklich ganz sicher.

Musik liegt in der Luft

Papas Ziele begannen Gestalt anzunehmen, und große Ereignisse warfen ihre Schatten voraus. Vater hatte dafür gesorgt, dass das Akkordeon in unser Haus kam und Jürgen eine Gitarre bekam. Nun gab es auch schon das erste Auto.

Ich glaube, dass der Besuch von Onkel Berti unseren Vater in seinem Streben nach Kultur extrem bestätigt hat. Papa verstand nichts vom Theater, aber von Stimmung, und so veranlasste er, dass wir Musikunterricht bekamen. Das übernahm mit sofortiger Wirkung Herr Rudolf Neumann aus Bodenwerder.

Rudolf Neumann war der Universalmusiker im kleinen Kaukasus. Er spielte sämtliche Kirchenorgeln, leitete alle Gesangsvereine und erteilte Unterricht auf jedem Instrument. Die Gottesdienste mussten zu unterschiedlichen Zeiten abgehalten werden, damit er überall seinen Dienst absolvieren konnte. Die Gesangsvereine hatten zwar unterschiedliche Termine, aber dasselbe Repertoire.

Gott passte gut auf Rudolf Neumann auf, denn er hatte kein Auto. Er war zu jeder Zeit und bei jedem Wetter mit dem Rad unterwegs. Er hatte das einzige verkehrssichere Fahrrad, da es für ihn wirkliche Konsequenzen gehabt hätte, ohne Licht über die Landstraßen zu radeln. Außerdem bekam er, wo immer er die Musik ins Häuschen brachte, ein kühles Blondes und einen Klaren. Mit zunehmender Musikalität stieg gelegentlich dann auch der Pegel.

Unterrichtet wurde in Papas Büro. Manchmal blieb Papa am Schreibtisch sitzen und überwachte den Unterricht. Er zündete sich und Herrn Neumann eine Zigarre an und schenkte nach. Für Kinder ist es nicht gut, wenn im selben Raum, in dem Unterricht erteilt wird, auch geraucht wird. Aber da Dr. Bunnemann auch mit Zigarrenrauch operierte, waren wir abgehärtet.

Wenn Rudolf Neumann an unserer Tür klingelte, geschah alles nach demselben Muster. Mama öffnete, nahm den langen grauen Regenmantel in Empfang und bot dem Herrn Musikdirektor ein Handtuch, damit er sich abtrocknen konnte. Soweit ich mich erinnere, hatte er immer, wenn er zu uns kam, einen kleinen Schauer mitgebracht. Nun setzte er seine Schirmmütze ab, nahm die Aktentasche und kam ins Büro. Dann beschlug seine Brille, und er musste sich zum Klavier tasten.

Ach so, das Klavier. Das Klavier hatte Papa von Chef Karl gekauft, da bei Chef Karl niemand mehr Klavier spielte. Papa tat viel für die Musikalität der Familie, und Hans Günther war zu dieser Zeit schon ein zuverlässiger Tenorhornist. Er sollte in seinem späteren Leben zu einer der wichtigsten Stützen unseres ländlichen Blasorchesters werden. Er spielte zwar noch Akkordeon, aber ich hatte ihn zwischenzeitlich eingeholt.

Als er ein größeres Instrument bekam, übernahm ich das kleine Student 40 und brachte mir die Lieder selbst bei. Ich spielte lieber nach Gehör als nach Noten, und als das

Pferdegespann mit dem Klavier vor der Tür stand, war mir klar, dass ich zukünftig richtig in die Tasten hauen würde. Allerdings sollte ich Klavier nach Noten lernen, und die Hoheit über dieses Projekt hatte natürlich auch Rudolf Neumann.

Im Laufe der Stunden erfuhr ich viel aus seinem Leben. Er arbeitete ein paar Jahre als Musiker in einem Orchester auf Kreuzfahrtschiffen und war weit herumgekommen. Er wurde häufiger gefragt, ob er denn nicht in den Sälen unserer Dörfer auf die Pauke hauen wollte. Aber das war nicht seins. Er wollte ein bisschen dabei mithelfen, dass die zukünftige Generation die Geige von der Triangel unterscheiden lernte und die Kultur wieder ihren rechtmäßigen Platz in unserer Gesellschaft einnahm. Ich glaube, dass Rudolf Neumann der beste Musiker unserer Zeit war.

Zurück zum Ritual des Herrn Neumann. Nachdem die Brille wieder freie Sicht hatte, zückte er seine Bleistifte, und die, die nicht spitz genug waren, wurden nachgespitzt. Dann begann der Unterricht. Hans Günther lernte entweder Horn oder Akkordeon, Jürgen Gitarre und ich Klavier. Da ich mich mit dem Notenlesen sehr schwertat, bat ich ihn, mir die Stücke vorzuspielen, sodass ich sie nachspielen konnte. Er war zwar etwas widerwillig, ließ sich aber schlussendlich darauf ein, weil er einsah, dass mich die Noten eher ablenkten. Bei Hans Günther war das anders. Er konnte Noten lesen und vom Blatt spielen. Jürgen spielte, was er wollte. Ob da nun Noten standen oder nicht. Jürgen und ich hatten vieles, was uns trennte. Einig waren wir uns aber grundsätzlich darüber, dass wir keine Noten mochten und nicht üben wollten.

Jürgen wollte zuerst auch gar nicht spielen. Ich erinnere mich noch an ein Familienfest, an dem Papa Jürgen aufforderte, den Gästen etwas vorzuspielen. Jürgen wollte aber nicht, und er entkam Vaters Zorn nur mit einer Hockwende, die er aus dem Stand über das Balkongeländer machte. Ich hingegen hab gern vorgespielt. Vor allem für Geld.

*

Es gibt für alles eine Zeit. Führerscheine wurden gemacht, Englisch wurde gelernt und Akkordeon gespielt. Irgendwann kam ein Brief vom Arbeitsamt. Er war an Angelika Rebers adressiert. Es war eine Einladung zur Berufsberatung mit einem verbindlichen Termin. Mama rief beim Arbeitsamt an und versuchte den Termin abzusagen, weil es immer etwas mühselig war, den Kaukasus zu verlassen. Es sei denn, dass man mit dem Auto fuhr. Die Autos, die wir zu diesem Zeitpunkt hatten, fuhren aber meistens in eigene Richtungen, und Mama guckte in die Röhre.

»Früher ging es ja auch ohne Auto«, mögen sich die großen Brüder gedacht haben.

Der Mann vom Arbeitsamt ließ aber nicht mit sich reden und wollte nichts von Schwerbehinderung wissen.

»Wir sind hier in Deutschland. Da wird jeder beraten. Punkt. Schluss. Zack!«, rumpumpelte der Doofsack meiner armen Mama ins Ohr.

Sie verspürte großes Unbehagen bei dem Gedanken, dass sie und Mausi jetzt mit dem Überlandbus nach Holzminden zum Arbeitsamt fahren müssten. Einmal kamen sie mit dem Bus aus Holzminden zurück, wo sie Rolltreppe fuhren, weil das Mausis große Freude war. Auf dem Rückweg unterhielten sich zwei ältere Frauen direkt neben Mama, und nachdem sie unsere Schwester eine Zeitlang angestarrt hatten, sagte die eine: »Das arme Kind. Das wäre doch wohl besser gewesen, wenn man es nach der Geburt gleich getötet hätte. Oder? Früher hat man solch kranke Menschen gleich weggetan, damit sie nicht so leiden mussten!«

Schwester Geli mit Dreispitz

Als Mama das erzählt hat, wurde Papa so wütend, dass er am liebsten sein Gewehr genommen hätte. Wir alle waren traurig, weil es immer wieder Menschen gibt, die dumm und frech sind. Einige Jahre später erfuhr ich, dass mein Vater einen Bruder hatte, der unter denselben Behinderungen wie unsere Schwester litt. Irgendwann holten ihn die Nazis ab.

*

Bruder Jürgen nahm den Termin beim Arbeitsamt in die Hand und fuhr mit Angelika nach Holzminden. Er fuhr mittlerweile einen VW Käfer Cabriolet. Ein Auto für freie Köpfe.

Jürgen platzierte unsere Schwester auf einem Stuhl vor dem Beratungszimmer und versteckte sich dann um die Ecke.

»Frau Rebers, bitte in Zimmer 14«, hieß es, und Mausi blieb sitzen. Sie hatte einen kleinen Teelöffel dabei, den sie hin und wieder ableckte, und freute sich schon auf die anschließende Rolltreppenfahrt im Kaufhaus Schwager.

»Frrrau Rebers bitte. Zimmer 14.«

Bislang war Mausi noch nie mit Frau Rebers angeredet worden, und so fühlte sie sich auch nicht angesprochen.

Jürgen blieb in Lauerstellung und wartete, dass der Herr Beamte seinen Arsch aus dem Büro bewegte. Dann kam er.

»Frau Rebers?«

Er beachtete Mausi gar nicht. Er blickte sich suchend um, und irgendwann blieb er mit seinen Augen bei Angelika kleben. Er schaute recht dumm aus der Wäsche. Erst als Jürgen dazukam und ihm die zu beratende Person vorstellte, realisierte er, was los war. Er wurde nervös und stammelte irgendwas von: »Ich dachte, ich wusste nicht und ...«

Jürgen sagte nur: »Dann fangen wir mal an« und ging mit Mausi durch die offene Bürotür. Mausi setzte sich vor den Schreibtisch, und Jürgen forderte den Idioten auf, mit der Beratung zu beginnen. Schließlich gab es ja einen verbindlichen Termin.

»Wir hatten in die Richtung Sägewerk gedacht. Was halten Sie davon?«, fragte Jürgen den verwirrten Sesselfurzer und wandte sich an unsere Schwester.

»Was meinst du denn selbst, Frau Rebers?«, und sie grummelte: »Bützi, Bützi, Büsch!«

Es ist nicht so, dass sie nicht richtig sprechen konnte. Aber die Situation, in der sie war, ergab für sie kein Muster, mit dem sie sich zurechtgefunden hätte. Zu Hause sprach sie anfangs sehr viel. Meistens übernahm sie Formulierungen, die sie daheim oft genug gehört hatte, beispielsweise »Halt dein Maul!« oder »Ruhe beim Essen!« oder »Ich bring euch alle um!«

Dem Berufsberater wurde es immer peinlicher, denn er hatte auf den Termin bestanden, als Mama versucht hatte, ihm zu erklären, dass Mausi etwas Besonderes sei.

»Nachrichtensprecherin wäre auch etwas oder Köchin. Den Löffel hat sie schon!«, legte Bruder Jürgen nach.

Den Abschluss der Beratung machte Jürgen mit der Frage: »Wo soll sie denn unterschreiben?«

Der Mann entschuldigte sich tausendmal, und Bruder Jürgen beendete den Unterricht. Dieser Beamte hat an jenem Tag viel dazugelernt und ließ sich bald pensionieren.

Nachdem unsere Schwester ausgiebig Rolltreppe gefahren war, fuhren die beiden zurück nach Haus, und Mausi sang: »Ja, ja, so blau, blau, blau blüht der Enzian!«

*

Die Musik war also allgegenwärtig, und unser Vater hatte eine Vision. Jetzt, da die Kinder weiterführende Schulen besuchten, unser Haus lang genug war, Autos vorhanden, wollte er sein Lebenswerk vollenden und kulturpolitische Geschichte schreiben. Er träumte davon, dass eine Kapelle aus seinem Hause Furore machen und für Stimmung auf dem Land sorgen sollte. Er hatte auch schon einen Namen für die Kapelle: Die Los Promillos. Noch öfter als sonst ging er in diesen Tagen ins Wirtshaus, um wichtige Kontakte zu knüpfen und Gespräche zu führen. Dreh- und Angelpunkt war das Wirtshaus von Muskeluschi. Sie reichte einen guten Heringssalat, brütete mächtige Koteletts aus und briet kräftige Bratkartoffeln.

Vater zog geduldig die Fäden. Zwei junge Burschen hatte er schon von der Idee begeistern können. Karl, genannt Kalle, und Konrad, genannt Conny. Kalle hatte bis dahin nie Schlagzeug gespielt, war aber bereit, sich eins zu kaufen. Conny konnte singen und spielte eine flotte Sologitarre. Was fehlte, war eine Hammond-Orgel oder Helmuth-Orgel, wie Muskeluschi zu sagen pflegte, und die für den Aufbruch der Jugend unverzichtbare E-Gitarre, für die

Bruder Jürgen vorgesehen war. Mama war zunächst skeptisch und hielt sich zurück. Sie tanzte aber gern, und die Vorstellung, dass ihre Jungs auf der Bühne für gute Laune sorgen sollten, war verlockend. Ich weiß zwar nicht, ob sie vorher zugestimmt hatte, aber auf Anweisung meines Vaters fuhren wir nach Hameln ins Musikhaus Grüllich. Hierbei ging es nicht um Beratung, sondern wie immer darum, vollendete Tatsachen zu schaffen.

»Guten Tag. Mein Name ist Rebers. Hermann Rebers. Wir brauchen Instrumente und Ausrüstung für eine Kapelle! Was kostet das?«

Gekauft wurden:

– ein 80-Watt-Verstärker mit acht Klinkeneingängen und zwei Ausgängen
– die Farfisa VIP 233, inklusive Basspedal über eine Oktave
– ein Gesangsmikrophon
– ein Stativ

Das Schlagzeug bestand aus Bassdrum, Fußmaschine, Hi-Hat, großem Becken, Standtom, Hängetom und Snare.

Als Grüllich das Mikrophonstativ berechnen wollte, schritt mein Vater ein und drohte mit dem Abbruch des Geschäfts.

»Das Stativ bezahlen wir nicht, und Prozente müssen wir auch noch kriegen! Wir geben schon genug Geld aus«, sprach er, und Grüllich erwies sich als kompromissbereit, denn das Geschäft war lohnend.

Kalle bezahlte das Schlagzeug und Papa den Rest. Unser Partykeller wurde nun zum Übungskeller.

Nach zwei Proben begann der unaufhaltsame Aufstieg unserer Band. Als Premierentermin wurde der 30. April 1974 festgelegt. Das hieß, uns blieben zwei Wochenenden, um unser Programm einzuüben. Eine Probe fiel aus, weil Kalle auf Arbeit war, also musste ein Wochenende reichen. Und? Es reichte.

Wir arbeiteten mit dem »Top Schlagertextheft«, um uns die Texte der aktuellen Kracher draufzuschaffen. Das Gute an den Schlagern ist bis heute geblieben. Sie sind so konzipiert, dass man sie schon beim zweiten Mal mitsingen kann. Wir mussten also nur noch lernen, sie mit unseren Instrumenten zu begleiten, und dazu reichte ein Wochenende völlig aus. Den größten Teil der Volkslieder im Repertoire kannte sowieso jeder von uns, und so fragte ich, warum wir überhaupt üben müssen.

Der Original Promillo-Verstärker

Wir trafen uns noch einmal, um uns auf eine gemeinsame Tonart zu einigen.

Die Probe war super. Papa stellte uns eine Kiste Bier in den Keller, Mama machte Schnittchen, und dann ging es los. Kalle hielt einen strammen Rhythmus, ohne irgendwelche »fill ins« oder anderem solistischem Firlefanz. Conny sang mit seiner perfekten Siebziger-Jahre-Stimme alles, was bei Dieter Thomas Heck zuvor über die Bühne gehumpelt war. Bruder Jürgen spielte eine saubere E-Gitarre, und ich haute in die Tasten meiner Farfisa-Orgel. Es gab Walzer, langsamen Walzer, Zweivierteltakt, und das war es dann auch schon. Hier zeigte sich im Nachhinein, dass sich für mich die Arbeit und die Studien auf dem Rübenfeld doch irgendwie gelohnt hatten.

Das Debüt der Los Promillos

Die Premiere rückte näher, und das Gasthaus von Muskeluschi sollte der Ort meines Schicksals werden. Uschi hatte die Gaststube mit Luftballons und Girlanden dekoriert. Für uns war ebenerdig eine kleine Ecke reserviert. Wir waren eben eine echte Band. Das war neu in unserer Region. Bis dahin gab es nur die traditionsreichen Blaskapellen, die Gesangsvereine und als Unterhaltungsband lediglich die Kapelle Beismann, die man für Feiern buchen konnte. Die Beismänner, wie man sie in Insiderkreisen nannte, kamen aus Rühle an der Weser. Rühle war der Ort, vor dessen Ortsschild jahrelang ein schrottreifer VW-Bus stand, auf den jemand mit roter Farbe das Wort »Mackowicki« geschrieben hatte. Es war ein Ärgernis, da man allein in dem Wort »Mackowicki« eine ungeheure Provokation erkannte, die den bevorstehenden Niedergang Deutschlands ankündigte. Außerdem galt der VW-Bus ohnehin als Symbol für Hippiekultur und Baader Meinhof. Onkel Lothar war sogar fest davon überzeugt, dass der VW-Bus überhaupt erst die Voraussetzungen für Haschisch und den Terrorismus geschaffen hat.
»Mackowicki« warf also ein schlechtes Licht auf diesen historischen Ort, der weltweit für sein Kirschblütenfest berühmt war, welches jährlich Dutzende von Besuchern aus den Nachbardörfern Pegesdorf und Dölme anlockte. Dort traf man dann auch auf die Beismänner.

Der Kern des Beismann-Duos bestand wie bei den Promillos aus Familienmitgliedern. In diesem Fall Vater und Sohn. Der Vater spielte gleichzeitig einhändig Schlagzeug und einhändig Trompete. Der Sohn hatte eine schnittige Tigermatic-Orgel, mit er seinen Vater harmonisch unterstützte. Der wesentliche Unterschied zu den Los Promillos bestand darin, dass sie keinen echten Frontmann hatten. Der Vater sang zwar besser als der Sohn, konnte das aber, da er Trompete spielte, nicht zum Ausdruck bringen. Außerdem spielten sie nach Noten und gerieten häufig in Schwierigkeiten, wenn Besoffene auf die Bühne kamen und aus Versehen die Notenständer umwarfen.

Die Frage nach Noten hat sich bei den Promillos zum Glück nie gestellt, weil niemand von uns sie hätte lesen können. Bei uns kam alles aus dem Bauch, und gesanglich waren wir in Topform.

Der Tanz in den Mai hat eine lange Tradition und war so etwas wie der Auftakt zu den Maiwanderungen, die im Kaukasus eine wichtige Rolle spielten. Man belud am frühen Morgen einen Kinder- oder Bollerwagen mit einem Fass Bier, Grill und Würsten. Dann wanderte man durch den kleinen Kaukasus. Beliebtes Ziel war der Ebersnacken, der als höchster Gipfel alle anderen überragt. Dort wurde gegen Mittag das Basislager aufgebaut und wenn nötig erste Hilfe geleistet. Dann bestieg man den auf dem Gipfel stehenden Turm bis zu seiner Spitze. Von hier aus ergibt sich auch heute noch ein majestätischer Blick bis zum Teutoburger Wald und dem Hermannsdenkmal. Anschließend ließ man sich volllaufen.

Nun aber sollte nicht mit dem 1. Mai, sondern mit dem Tag davor eine neue Zeitrechnung begonnen werden. Der Auftritt der Los Promillos hatte sich wie ein Lauffeuer herumgesprochen.

Muskeluschi war als Veranstalterin besonders erwartungsvoll, denn sie empfand sich jetzt schon als die eigentliche Entdeckerin dieser jungen Band. Bei der Gage war sie jedoch zurückhaltend. Sie betrug 20 DM pro Künstler plus freies Abendessen (Jäger- oder Zigeunerschnitzel) und freie Getränke.

Sie bewarb die Veranstaltung mit einem Plakat:

Es ladet ein zum Tanz in den Mai
Das Gasthaus zur Linde
30.4. um 20.00 Uhr
Tombola und Buffet
Es spielen die »Los Promillos«

Der Eintritt war frei, und Uschi rechnete mit einem hohen Umsatz, den sie auch haben sollte. Am Nachmittag bauten Jürgen und ich auf. Unser Vater wollte mit anpacken, aber wir hielten ihn davon ab, weil er schnell ungeduldig wurde und dann Nervosität entstand.

Während wir aufbauten, suchte er für sich und Mama einen schönen Platz. Almuth musste zu Hause bleiben und auf Mausi aufpassen, denn Hans Günther kam natürlich auch.

Um 20 Uhr ging es los. Die Bude war brechend voll. Ich gab ein a, die Gitarren wurden gestimmt, und wir begannen mit einem Block von langsamen Instrumentalstücken, wie *Rot ist der Wein*. Ein Set bestand aus drei Stücken, und dann machten wir eine kleine Pause, um unsere spärliche Gage mit Getränken aufzubessern. Gegen 21.30 Uhr gingen wir dann in die Vollen und holten die Kracher aus dem Humorkoffer. Vorläufiger Höhepunkt war eine Nummer von Jürgen Marcus *Eine neue Liebe ist wie ein neues Leben.*

»Klatsch, Klatsch!«, heißt es da im Refrain, und wir ergänzten:

Heute fängt ein neues Leben an. Klatsch, Klatsch!
Uschis Muskeln, die sind schuld daran. Klatsch, Klatsch!

Von da ab lief alles von allein. Je nach Lage der Nation holten wir auch die alten Volkslieder raus, und selbst die »Haselnuss« kam auf ihre Kosten. Warum auch nicht. Schließlich war der Krieg vorbei, und meine Karriere war erst am Anfang.

Um 22.30 Uhr gab es dann das Künstleressen. Als wir unsere Schnitzel verdrückten, erholte sich das Publikum während der Tombola von den heißen Tänzen im ersten Teil, und uns war klar, dass uns nach der Pause nicht viel Zeit bleiben würde, um Schwung in die Bude zu bringen. Die eiserne Regel für solche Abende lautet:

Der Hammer kreist vor Mitternacht,
dann ist des Künstlers Sein vollbracht!

Also rauf auf die Bühne und: *Hossa, Hossa, Hossa, Hossa!*
Und weiter mit: *Hoja, Hoja, Hooooo!*
Und: *In der Heimat, ja da ist es doch am schönsten!*
oder: *Ja, ja, so blau, blau, blau blüht der Enzian!*
Dann unterbrachen wir für ein amüsantes Gesellschafts-
spiel, das unter der Anleitung von Conny auf der Bühne
vorgeführt wurde. Ein großes Badehandtuch war von der
Verlosung übriggeblieben und hatte unseren Frontmann
zu einem kleinen Streich inspiriert.
Tusch!
»Eine freiwillige Dame bitte auf die Bühne!«, sagte Conny in das Mikrophon, und schon stand Muskeluschi auf
den Brettern, die die Welt bedeuten. Conny legte das
Handtuch auf den Boden und erklärte die Spielregeln. Sie
sollte breitbeinig über das Handtuch gehen, ohne es zu
betreten. Klaro? Damit die Aufgabe nicht zu leicht wurde, verband Conny der Wirtin die Augen.
»Tusch mit anschließendem Schimpansenwirbel auf der
kleinen Trommel!«
Die Frau ging langsam und breitbeinig über das Handtuch. Doch bevor sie am Ziel anlangte, legte sich Conny
mit dem Rücken auf das Handtuch, sodass sie, als man ihr
die Augenbinde abnahm, natürlich dachte, er habe ihr ins
Allerheiligste geschaut!
Tusch!
Was für ein Spaß! Dann schalteten wir den Gang etwas
runter. Jetzt ging es darum, Menschen zueinanderzufüh-
ren. Auch im kleinen Kaukasus gab es Menschen, die einsam waren. Menschen brauchen Liebe und Körperkontakt,

und der unverfänglichste und beste Weg dorthin ist der Tanz. Wir spielten langsame Walzer. Dabei konnten wir zusehen, wie sich neue Pärchen bildeten. Alkohol war gut sichtbar, und jetzt ging es darum, den Pärchen Gelegenheit zu geben, Witterung aufzunehmen und Heiratsanträge zu stellen. Denn eine Hochzeit bedeutete einwandfrei den nächsten Auftrag für die Band. Sollte die Stimmung allerdings durchhängen, müsste man sich was einfallen lassen. Die demokratischste Form des klassenübergreifenden Zusammenseins sind Marschwalzer und Nasi-Nasi-Nasi-Polonaise.

Kalle legte einen flotten Zweivierteltakt vor, und Conny rief ins Mikrophon: »Marschwalzer! Die Damen bilden einen Innenkreis. Die Herren bilden einen Außenkreis! Und jetzt in entgegengesetzte Richtung marschieren. Die Damen nach rechts und die Herren nach links, zwei, drei, vier!«

Dann sangen wir:

Heute wollen wir marschieren,
einen neuen Marsch probieren.
In dem schönen Westerwald,
ja, da pfeift der Wind so kalt!
Oh du schö ö öner Wee esterwald!
Eukalyptusbonbon …

Dann wurde unterbrochen, und der Takt wechselte zum Walzer, und diesen Walzer tanzte man mit der Person, die einem just in diesem Moment gegenüberstand. Nach ein paar Runden ging es zurück in den Marsch, und der Reigen begann von vorn. Selbstverständlich wechselten wir die Lieder, damit keine Langeweile aufkam.

Die Nasi-Nasi-Nasi-Polonaise funktionierte ähnlich wie der traditionelle Marschwalzer, nur dass hier eine körperliche Komponente hinzukam. Wenn der Marsch unterbrochen wurde, gab es vor dem Walzer ein kleines Spiel, um die Tanzpartner ein bisschen näher zueinanderzubringen. Es wurde gesungen, und der jeweilige Text bestimmte die Handlung, die vollzogen werden musste.

Die Pärchen standen sich gegenüber, und wenn wir sangen: »Nasi, Nasi, Nasi, Nasi!«, mussten die, die sich gegenüberstanden, ihre Nasen aneinanderreiben. Dann erst wechselten wir in den Walzer. Dann wieder in den Marsch und als nächste Strophe: »Wangi, Wangi, Wangi, Wangi!« oder: »Schulti, Schulti, Schulti!« oder: »Arschi, Arschi, Arschi, Arschi!«

Wer jetzt noch saß, dem konnte nicht geholfen werden. Die letzte Zugabe war das Trompetenecho und dann das allerletzte Lied auf ewig:

Auf Wiedersehen. Auf Wiedersehen.
Bleib nicht zu lange fort,
denn ohne dich wär's halb so schön,
darauf hast du mein Wort!

Was für ein Ereignis. Mein Vater stand mit seiner Zigarre da und schaute erhobenen Hauptes in den Saal. Er hatte nicht einmal gemerkt, dass die Zigarre ausgegangen war.

*

Nach diesem sensationellen Debüt kam eine Welle von Anfragen, von Parteien, Vereinen und Familien. Alle wollten uns haben, und sie sollten uns kriegen. Hochzeiten, Silberhochzeiten und Jubiläen bescherten mir für die nächsten Jahre ein mehr oder weniger geregeltes Einkommen.

Der Deal war einfach. Wir verlangten 400 Mark und spielten dafür von 20 Uhr bis 0.30 Uhr. Danach wurde neu verhandelt und dann im Stundentakt verlängert. Wir einigten uns auf ein einheitliches Erscheinungsbild, trugen dunkle Hosen, rosa Rüschenhemden und dunkelbraune Samtfliegen.

Und noch eins: Das Monopol der Beismänner war gebrochen, der Grundstein meiner Bühnenkarriere gelegt und Onkel Berti wäre stolz auf mich gewesen. An diesem Abend habe ich den See meiner Kindheit endgültig verlassen. Nun mussten auch Nacku Nacku und Schubiak in den Pappkarton, und an ihre Stelle trat Heino, der die wirkliche Welt der Indianer in seinen Liedern eindrucksvoll besang:

Rote Feder, schwarzes Haar
blaue Augen wunderbar!

Biermann, der Walzerkönig

»Sie verwirren mich. Was hat denn eine Nasi-Nasi-Nasi-Polonaise mit Bertolt Brecht zu tun? Was haben Sie mit Brecht zu tun? Doch rein gar nichts. Oder ist das alles noch Programm?«, fragte mich mein Zuschauer, und ich antwortete: »Manchmal weiß ich es selber nicht.

Im Jahr 1976 waren die Promillos absolut auf der Höhe der Zeit, und Vater kannte unser Programm in- und auswendig. Seine Lieblingsnummer hieß *Rucki Zucki!* An irgendeinem Novemberabend lief ein Konzertmitschnitt von Wolf Biermann, der in Köln auf Einladung der IG Metall auftrat. Er verwies ständig auf seine Nähe zu Onkel Berti, zupfte seine Klampfe und sang *So oder so*, *die Erde wird rot*.

Irgendwann fragte mich Papa: ›Ist da irgendwas dabei, das ihr ins Promillos-Programm nehmen könntet?‹ Ich verneinte natürlich, da ich unsere Zielgruppe immer genau vor Augen hatte. Papa sagte ein paar Lieder später: ›Meinst du, der spielt noch mal was, was dein alter Vater kennt?‹, und ich musste ihm wieder eine negative Antwort geben. ›Ich glaub es nicht. Aber findest du nicht auch, dass er sehr gut Gitarre spielt?‹ ›Besser als Heino?‹, erwiderte Papa, und ich bejahte. ›Na ja. Dann soll er man spielen. Ich lege mich jetzt ins Bett!‹ Sprach's und ging.«

»Ich verstehe nicht, warum Sie mir das erzählen?«, wollte mein ungeduldiger Freund jetzt wissen, und ich sagte nur:

»Mir geht es um Gleichzeitigkeiten. 1976 schmeißt die SED einen Politbarden aus der DDR, der zur Klampfe *So oder so, die Erde wird rot* singt. Mir gefiel dieser Song, und mir gefiel auch Biermann. Mir gefiel aber auch *Die kleine Kneipe in unserer Straße* von Peter Alexander. Da gab es für mich keinen Widerspruch.«

»Womit wir bei Ihrer politischen Haltung wären, Herr Rebers. Das interessiert mich schon lange. Wo stehen Sie eigentlich?«, unterbrach mich mein Gesprächspartner, und ich entgegnete: »Wo ich stehe? Auf der Bühne.«

»Ist das genug?«, wollte er wissen, und ich fuhr unbeeindruckt fort: »Das Problem von politischen Künstlern besteht darin, dass sie immer vom Volk reden. Das Volk. Zum besagten Zeitpunkt war ich das Volk, und das Volk hörte keinen Biermann, sondern Bernd Clüver und Tony Marshall. Ich fand, dass beides seine Berechtigung hatte und suchte nach Gemeinsamkeiten. Das, was uns trennt, zu betonen, ist keine Kunst. Aber danach zu schauen, was verbindet, ist doch viel spannender. Haben Sie das Lied *So oder so, die Erde wird rot* im Ohr?«

»Nicht mehr. Ich weiß, dass ich es kenne, aber die Melodie ... beim besten Willen nicht.«

Ich ging zurück zur Bühne, nahm das Akkordeon und spielte nur die Melodie des Chansons. Den Text ließ ich weg. Dann fragte ich meinen Freund, ob ihm etwas auffiele? Er antwortete überrascht: »Das ist ja ein Walzer!«

»Genau. Ein Walzer. Und diesen Walzer habe ich bei meinen folgenden Auftritten hunderte Male gespielt. Wenn die Menschen oder das Volk, wie man so schön sagt, anschließend fragten, was das denn für ein schöner Walzer gewesen sei, dann konnte ich ihnen sagen, Biermann. Wolf Biermann. Einige reagierten ganz erstaunt: ›Wir haben gar nicht gewusst, dass der auch so schöne Tanzmusik komponiert hat.‹«

Ich wies darauf hin, dass man ja auch im Osten gern tanzte, schnallte das Akkordeon wieder ab und stellte es zurück auf die Bühne.

»Was ist denn eigentlich aus dem anderen Teil der Familie geworden? Die in der DDR. Die erste Familie Ihres Vaters. Haben Sie sich nach dem Mauerfall gesehen?«, fragte er interessiert.

»Haben Sie sich kennengelernt?«, wollte er außerdem wissen, und ich musste ein wenig nachdenken.

Ostverwandtschaft

Irgendwann nach der Wende bekam ich einen Anruf aus Finnland. Es war die Tochter meines Halbbruders, die unseren Wellensittichen die Freiheit geschenkt hatte. Mittlerweile studierte sie irgendetwas mit Film, und sie fragte mich mit ihrem wunderbaren finnischen Akzent: »Onkel, weißt du, dass es noch andere Tanten und Onkel gibt?«

Ich wusste es nicht und verspürte auch keinen großen Drang, diesen familiären Dingen auf den Grund zu gehen. Um ehrlich zu sein, zu dieser Zeit war ich froh, dass ich wenig mit meiner Familie zu tun hatte.

Ich arbeitete mittlerweile schon am Theater und genoss das Leben eines provinziellen Bohemiens, der sich der Tatsache erfreute, die Nervosität endgültig hinter sich gelassen zu haben. Ich komponierte Schauspielmusik, nahm Sprechunterricht und machte meine ersten Programme.

Ein paar Jahre nach der Wende gastierte ich mit einem Soloprogramm im Kabarett Obelisk in Potsdam. In der Pause kam Tante Gretel, die mich an diesem Abend betreute, und gab mir einen Zettel:

Sehr geehrter Herr Rebers,
ich bin ein Sohn Ihres Halbbruders. Könnten wir uns nach der Vorstellung kurz sehen und uns ein wenig unterhalten?

»Und, was haben Sie gesagt?«, wollte der Zuschauer wissen.

»Natürlich habe ich zugesagt. Wir haben im Foyer ein Bier zusammen getrunken und uns unterhalten. Das Gespräch litt ein wenig unter der Tatsache, dass Bühnenmenschen immer etwas außerhalb der Normalität stehen. So standen wir uns also doppelt fremd gegenüber. Einerseits als Bühnenmensch und Publikumsmensch, andererseits als Verwandte, die sich noch nie im Leben begegnet waren. Neugierig, wohlwollend, aber fremd.«

»Und dann? Das muss doch unglaublich interessant gewesen sein?«, insistierte mein Zuschauer und versuchte mich zu motivieren, mehr zu erzählen, aber ich musste ihn enttäuschen.

»Da war nicht viel mehr als dieses kurze Gespräch. Wir haben unsere Adressen ausgetauscht, und das war es. Ich musste noch nach Berlin zurück, und auch er hatte noch einen langen Weg vor sich. Wissen Sie, Familie braucht Zeit. Die Tatsache, dass man irgendwelche Gene miteinander teilt, ist oft gar nicht so wichtig. Es sei denn, man heißt Boris Becker oder Arnold Schwarzenegger, die zunächst eine maßgebliche Blutsverwandtschaft verleugnen und dann über die Ähnlichkeiten stolpern. So war es. Er hatte seinen Weg, ich hatte meinen. An diesem Abend haben sie sich kurz gekreuzt. Sollte mich mein Weg einmal in den Ostharz führen, würde ich vielleicht im Vorfeld den Kontakt suchen, so wie er es bei mir getan hat.«

»Haben Sie nie versucht, mehr über ihre Halbgeschwister herauszufinden?«, wollte er wissen, und ich konnte ihm ganz locker sagen: »Nein! Meine Brüder und Cousins aus Bremen organisierten irgendwann ein Familientreffen, zu dem auch unsere Verwandtschaft aus dem Osten eingeladen wurde. Wir trafen uns in der Nähe von Bremen, und alle, die noch lebten, waren da. Es war schön. Ich hatte am selben Abend noch ein Gastspiel und wusste, dass ich beizeiten wieder gehen müsste. Ich war eben immer noch dieser ›Rumzug‹, wie meine Mama es ausdrückte. Nun saßen wir in einem großen Biergarten. Meine Geschwister und ich suchten natürlich den Kontakt. Wir saßen zusammen und tranken Kaffee. Wir unterhielten uns und stellten bald fest, wie weit man doch voneinander entfernt war. Ich erinnere mich vor allem gut an die Halbschwester einer Halbschwester, womit wir bei der Viertelverwandtschaft wären. Im Grunde entspricht die ganze Geschichte der Menschheit einer Exponentialfunktion, wobei bis heute nicht klar ist, wo Kabel und Babel ihre Frauen herhatten.

Lustigerweise habe ich mich mit meiner Viertelschwester am besten verstanden, was daran lag, dass die eigene Familie in unserem Gespräch glücklicherweise kein Thema war. Das war es.«

»Worüber haben Sie gesprochen?«, wollte mein Zuschauer wissen, und ich glaube, ihm gesagt zu haben: »Über meine Arbeit.«

Wurst und Heimat

»Also, da hätte ich jetzt mehr von Ihnen erwartet. Das enttäuscht mich.«

Bevor er weiterreden konnte, unterbrach ich ihn: »Wie enttäuscht? Seien Sie doch froh, dass ich Sie von einer Täuschung befreit habe. Der Irrtum wohnt dem Wort schon inne. Sie erwarten etwas und sind enttäuscht. Also, klare Sicht. Was haben Sie sich denn vorgestellt? Dass wir aufgrund der Tatsache, dass wir 50 Jahre nichts miteinander zu tun hatten, ein neues Leben begannen und zusammenzogen? Dass wir uns um den Hals gefallen und anschließend in einer Talkshow darüber geredet hätten, wie sehr wir uns vermisst haben? Natürlich war es interessant, sich kennenzulernen, aber nichts trennt so sehr wie die Zeit.«

»Wo leben Sie eigentlich?«, wollte mein Freund jetzt wissen, und ich gab ihm zur Antwort, dass ich seit 15 Jahren in München lebe.

»Und? Fühlen Sie sich dort zu Hause?«, hakte er nach, sodass ich spürte, dass er wissen wollte, ob ich wirklich jemand bin, der seine Heimat gefunden hat.

»München ist super, aber weil ich viel unterwegs bin, muss ich mich ja auch mit mir zu Hause fühlen. Wissen Sie was? Essen Sie gern Bratwurst?«, wollte ich von ihm wissen, und er bejahte.

»Dann gehen wir eine Wurst essen. Okay?«

Er willigte ein, und ich fuhr direktemang fort.

»Die beste Bratwurst kommt derzeit aus Zürich vom Sternengrill am Bellevue, und wenn Sie Glück haben, treffen Sie dort Udo Jürgens.«

»Nicht Onkel Berti?«

»Nein. Udo Jürgens. Udo Jürgens isst gern Bratwurst vom Sternengrill.«

»Wir sind aber nicht in Zürich«, gab mein Zuschauer zu bedenken, was mich aber nicht weiter irritierte. Also machte ich weiter: »Eben drum. Wissen Sie, es gibt solche Würste und solche. Aber was sie alle miteinander verbindet, sind ihre Form und ihre ständige Verfügbarkeit. Überall gibt es Raststätten und Würstchenbuden, und selbst mitten in der Nacht findet sich ein geöffneter Imbissstand. Eine Wurst hat somit etwas Universelles. Genau genommen ist sie eine feste Säule der kaukasischen Weltordnung. Ich selber unterscheide Bock und Brat. Bockwürstchen haben von ihrer Form her etwas Nacktes, Gewöhnliches und dadurch, dass sie sich bei korrekter Zubereitung auch im erhitzten Zustand äußerlich nicht verändern, auch etwas Gemeines. Im Vergleich zu einer Rostbratwurst wirkt eine Bockwurst irgendwie charakterlos. Im Gesicht einer Bratwurst spiegelt sich die ganze Vielfalt des Lebens. Keine Bratwurst ist wie die andere. Jede ein Wesen für sich. Jede ein eigenes Gesicht. Einsam wie ein Baum und brüderlich wie ein Wald, so kann man das Wesen der Bratwurst auf den Punkt bringen. Will sagen, mit einer Wurst halte ich gewissermaßen ein Stück Heimat in der Hand. Mit einer Bratwurst ist man überall zu Hause.«

»Warum gehen Sie denn nicht zu McDonald's? Da ist sogar die Inneneinrichtung überall dieselbe?«, bemerkte mein Zuschauer, und ich erklärte ihm: »Nie und nimmer. Ich empfinde gar nichts, wenn ich in einen Burger beiße. Dieses Zeug hat weder Herz noch Heimat, wenn Sie verstehen, was ich meine. Industrieller Dreck, dem der Gedanke der weltweiten kulinarischen Gleichschaltung zugrunde liegt.«

»Und wenn Sie eine Bratwurst essen, fühlen Sie sich zu Hause?«

»Wenn sie anständig zubereitet ist, unbedingt.«

Mittlerweile waren wir am Würstchenstand angekommen und mir fiel wieder ein, dass wir ja in Berlin waren. Berlin ist das Reich der Fettpfanne und der Currywurst. Ich bestellte aus Ermangelung an Bratwurst für jeden eine Currywurst. Der Bratmaxe stellte meine Lieblingsfrage: »Mit oder ohne Darm?«

Ich hätte gern gewusst, was Onkel Willusch dazu gesagt hätte.

*

Während wir mit den Holzgabeln in der Pappschale herumpickten, begann mein Zuschauer zu sinnieren: »Also wenn ich Sie richtig verstehe, ist jede Wurst ein Stückchen Heimat, und Akkordeon ist auch Heimat. Das hatten aber nicht Sie gesagt, oder?«

»Das stammt von Onkel Bruno. Akkordeon ist eine Heimat zum Mitnehmen. Wenn Sie sich die Volksmusikindustrie anschauen, werden Sie feststellen, dass immer von Heimatklängen die Rede ist. Die Heimat hat einen Klang, und das Akkordeon vermag eben diesen Klang zu vermitteln.«

»Aber Sie spielen doch nicht diese Hansi-Hinterseer-Sachen.«

»Natürlich nicht. Aber ich könnte.«

»Na ja, wenn Sie mit ihren Promillos gespielt haben, müssen Sie natürlich wissen, wie so was funktioniert. Haben Sie in Ihrer Band eigentlich auch Akkordeon gespielt?«, wollte er nun wissen, und ich erklärte ihm: »Nein. Die Promillos waren eine moderne Band, und ich spielte ausschließlich Helmuth-Orgel. Das Akkordeon hatte in der Volksmusikszene in dieser Zeit etwas Konservatives, also kam es in den Partykeller und ruhte sich aus.«

Das Protest-Akkordeon

»Unsere Band spielte knapp vier Jahre und brachte Dutzende von Hochzeiten auf Vordermann. Aber irgendwann war die Luft raus. Die meisten Kaukasier waren verheiratet, die Jubiläen wurden seltener, und wir beschlossen aufzuhören.«

»Und dann haben Sie wieder angefangen, Akkordeon zu spielen?«

Ich verneinte. Doch dann kam mir ein Gedanke, den ich folgendermaßen formulierte: »Noch nicht gleich. Aber vielleicht darf ich Ihnen kurz etwas erklären. Wenn man ehrlich ist, hat das Akkordeon in seiner Geschichte unglaublich viel Schaden angerichtet.«

Er wollte natürlich wissen: »Wieso das denn?«

»Nehmen wir die Promillos. Wir waren zu viert und kosteten 400 DM. Ein guter Akkordeonspieler ist durchaus in der Lage, eine Band zu ersetzen. Er kann sich mit seinem Bass und dem Diskant selbst begleiten. Er ist laut genug, und wenn er gut singen kann, umso besser. Der entscheidende Punkt ist aber, dass er billiger ist. Der finanzielle Aspekt spielt nämlich auch in der Kulturgeschichte eine nicht unwesentliche Rolle. Auf der ganzen Welt gab es früher ausschließlich Ensembles, die zum Tanz gespielt haben. Die Akkordeonisten haben diesen Markt aufgemischt. Verstehen Sie? Kultur ist keine Geschmacksfrage, sondern eine Budgetfrage. Der Siegeszug des Akkordeons durch alle Länder ist zum einen der Lust auf etwas Neues, zum anderen aber auch dem Geiz der Menschen geschuldet. Irgendwann saßen auf der Bühne nur noch Akkordeonspieler. Den Rest erledigten dann die Alleinunterhalter mit ihren Orgeln und analogen Rhythmusgeräten.«

»Ja, aber Sie spielen doch immer noch Akkordeon«, gab er zu bedenken, und ich musste wieder ein bisschen weiter ausholen, um Klarheit zu schaffen.

*

Irgendwann fuhr ich mit dem Schulbus in mein Gymnasium nach Hameln, und von einem Tag zum anderen stand ein mit Natodraht gesicherter Bauzaun auf dem Feld. Zur Nato hatte ich aufgrund der Herbstmanöver ein gutes Verhältnis. Dieser Zaun sah aber nicht danach aus. Ihm fehlte das Spielerische. Diesem Zaun wohnte etwas Ernstes inne: Er war der Auftakt für das Atomkraftwerk Grohnde.

Auf dem Schulhof war die Sache klar, und schon am nächsten Tag steckte auch an meiner Jacke »Atomkraft? Nein Danke!«.

Als ich mit diesem Anstecker bei Muskeluschi in die Kneipe kam, machte ich eine Erfahrung, die mir bis dahin unmöglich erschien: Ich wurde beschimpft und angefeindet. Arbeitsplätze waren bei uns immer rar, und manch einer freute sich nun auf einen neuen Job, der im Zuge des AKW entstehen sollte. Da war so ein Anstecker natürlich eine Steilvorlage. Aber abnehmen? Niemals!

Ich verließ das Gasthaus, in dem ich so oft in die Tasten gehauen hatte und kehrte der Heimat den Rücken! Mit schlesischer Konsequenz brach ich für die nächsten Jahre die Brücken hinter mir ab! Es begann eine Phase des Suchens und des Erwachens. Verdrängt wurden die ach so schönen Stunden mit dem Schneewalzer und der Hämmerchen Polka und vergessen auch der Westerwald und die Melodie über den Kameraden, den ich hatte.

Da stand ich nun und fühlte mich fast ein wenig vertrieben. Aber es ging weiter. Ich machte mein Abitur, dann Zivildienst, dann jobbte ich im Irak und in Saudi-Arabien. Danach studierte ich und zog nach Hannover, der erstaunlichsten Stadt des Universums. Ich wechselte von einer Wohngemeinschaft in die andere, ließ mich mit den lauen Winden der abklingenden Studentenbewegung durch die Zeit treiben, las den Herrn der Ringe, begann meine Lehrerausbildung. Der Anti-Atom-Anstecker gehörte selbstredend zum Erscheinungsbild.

Es war die Zeit, in der langhaarige Gitarristen die Mädels abschleppten und das Akkordeon auf seinen Besitzer den Schatten des Dritten Reiches warf.

Doch der Tag der Wahrheit kam näher. Konkret gesagt war es der 4. Juni 1980. Das Albrecht-Regime ließ an diesem Tag die »Republik Freies Wendland« plattmachen. Die »Republik Freies Wendland« war ein Hüttendorf, das Atomkraftgegner auf dem Gelände des Bohrlochs 1004 errichtet hatten, um gegen den Bau der Wiederaufbereitungsanlage im Landkreis Lüchow-Dannenberg zu protestieren. Wir saßen während der Räumung mittendrin.

Vater Staat gab sich an jenem Morgen sportlich und gut gerüstet. Zuerst flogen Kampfhubschrauber im Tiefflug über das Dorf, dann robbten sich die Kampfeinheiten mit Tarnanzügen und schwarz geschminkten Gesichtern auf Sichtweite heran, damit man sah, dass sie geschminkt waren. Es folgte das übliche Gelabere über die behördlichen Lautsprecheranlagen, und dann begann die Räumung. Man blieb einfach sitzen und wartete ab, bis man dran war. Ich saß in der Menge, und über mir saß auf einem Pfahl ein Demonstrant, der auf einem Akkordeon spielte. Während wir uns von den auf Krawall gebürsteten Sondereinheiten der Polizei aus dem Hüttendorf tragen ließen, spielte der Kollege ohne Unterbrechung weiter. Abends in den Nachrichten sah man ihn immer noch auf seinem Pfahl sitzen. Er hörte erst auf zu spielen, als man ihn mit einem Kran herunterholte.

Ich beschloss, bei meinem nächsten Besuch im kleinen Kaukasus das Akkordeon wieder herauszukramen, mitzunehmen und mit einem Anti-Atom-Aufkleber zu dekorieren. Zwar hatten die Gitarristen bei den Frauen immer noch die besseren Karten, aber das Akkordeon war irgendwie das robustere Mandat, mit dem man sich auf der Demo besser durchsetzen konnte. Allerdings musste ich mir ein neues Programm draufschaffen, denn die alten Melodien waren natürlich tabu. Das bedauerte ich sehr, denn sie sind von großer Kraft und Schönheit. Für mich standen nun erst einmal *Bella Ciao*, *Venceremos* und *Der heimliche Aufmarsch* auf dem Programm. Auch nicht schlecht. Ich hatte sogar das Gefühl, dass sie genauso gestrickt waren wie die Knaller von Tony Marshall und Heino. Nur eben anders. Manchmal, wenn ich allein in meinem WG-Zimmer war, spielte ich heimlich die alten Melodien über die Segelflieger in der Dämmerstunde oder den hell scheinenden Mond auf dieser Welt. Dann dachte ich zurück an des Vaters Betonmischer, Mamas Haue und den Habicht, der über dem kleinen Kaukasus kreiste. Einmal gab es sogar Besuch aus Nicaragua. Kameradin Walli hatte die jungen Kämpfer zu einem Erfahrungsaustausch in unsere WG eingeladen. Während des Austauschs saß ich allein in meinem Zimmer und spielte leise das Lied:

Ich hatt einen Kameraden
einen bessern findst du nit.
Tadramm tam

Ich merkte gar nicht, dass die Sandinistas die Tür geöffnet hatten, um der Musik zu lauschen, die leise und magisch aus dem Instrumento floss. Auch sie hatten ein weiches Herz und gaben sich der Zartheit der Melodie hin.
Natürlich wusste ich, dass dieser Song im Zweiten Weltkrieg in jeder zweiten Wochenschau gesendet worden war, um die Volkstrottel bei der Stange zu halten. Das ändert aber nichts an der schlichten Schönheit der Melodie, in der sich für mich das Gute widerspiegelte. Wenn eine Melodie gut ist, ist sie gut.
Walli witterte Konterrevolution, und vor ihrem inneren Auge entstand ein weiteres Mal das Reich des Bösen. Ich aber sagte ihr, dass Musik niemals böse sein kann,

und um den Sack zuzumachen, zitierte ich Hannah Arendt: »Ich bin in der Tat heute der Meinung, dass das Böse immer nur extrem ist, aber niemals radikal, es hat keine Tiefe, auch keine Dämonie. Es kann die Welt verwüsten, gerade weil es wie ein Pilz an der Oberfläche weiterwuchert. Tief aber und radikal ist immer nur das Gute.«

Als die Sandinistas nach ihrer Heimkehr in Managua General Ortega Bericht erstatteten und den seltsamen Akkordeonspieler erwähnten, soll dieser gesagt haben: »Die Revolution hat viele Gesichter.«

»Sie wollen mir doch nicht erzählen, dass das stimmt. Bei Ihnen weiß man nie, woran man ist.«

Mein Zuschauer zweifelte mal wieder, und ich musste noch einen drauflegen.

»Natürlich stimmt das. Fragen Sie Walli. Dieses Treffen fand gerade statt, als die taz gleichzeitig zwei Kampagnen fuhr. Die eine hieß Frieden schaffen ohne Waffen, die andere Waffen für El Salvador. Ich fand beides richtig und habe mich weder für die eine noch für die andere Kampagne engagiert. Und ich bin nicht nur vor den Sandinistas aufgetreten. Was glauben Sie, wen ich nicht schon alles vor der Quetsche hatte? Gerhard Schröder, Günter Grass, Helmut Kohl, Angela Merkel, Willy Brandt, kubanische Gewerkschafter, Wolf Biermann, und ich habe Saddam Hussein beim Karneval der Diktatoren in Zürich getroffen.«

»Sind Sie dort aufgetreten?«, fragte mich mein überraschter Freund.

*Ich hatte mich als »Führer« ausgegeben, um nicht aufzufallen. Neben mit
Saddam Hussein, der nicht erkannt werden wollte.*

»Um Gottes willen, nein! Aber selbst der Bund der
Vertriebenen hat mich einmal gefragt, ob ich beim Schle-
siertreffen auftreten würde.«

»Und?«

»Ich habe verneint. Schon meine Mutter mied diese Ver-
anstaltungen, wegen der vielen jungen Leute. Wenn Sie
verstehen, was ich meine. Grundsätzlich spiele ich überall. Berlin, Wien, Belgrad oder Mailand. Im nördlichen
Polarkreis jammte ich mit einer rumänischen Band, und
in Bagdad musste ich am Zoll den irakischen Offizieren
vorspielen, damit sie glaubten, dass es sich um ein Musik-
instrument und um nichts Militärisches handelte. In Lis-
sabon begleitete ich kommunistische Bauern während einer Mai-Kundgebung bei ihren revolutionären Liedern,

und in Kopenhagen spielte ich im Tivoli für ein Bierchen und eine Bratwurst. Selbst in Saudi-Arabien haben mir einige Scheichs zugehört!«

»Stimmt das wirklich? Oder ist das Ihr merkwürdiger Humor?«, wollte er wissen. Ich konnte beschwören, dass sich das alles genauso zugetragen hatte.

»Wie hieß Ihr Lehrer noch mal?«

Ich war etwas irritiert.

»Welchen meinen Sie?«, fragte ich nach.

»Den mit dem Regenmantel. Der mit dem Fahrrad«, sagte er.

»Ah, Herrn Neumann. Der war aber nicht mein Akkordeonlehrer, sondern mein Klavier- und Helmuth-Orgel-Lehrer. Einen richtigen Akkordeonlehrer hatte ich erst viel später.«

Firmenphilosophie

»Und wie ging es dann weiter? Ich denke, Sie waren zu dieser Zeit noch selber in der Lehrerausbildung?«, fragte mein Zuschauer.

»Ja. Die habe ich auch erst einmal beendet, obwohl ich mich innerlich schon entschieden hatte, Musiker zu werden.«

»Sie hätten doch abbrechen können«, warf er ein, und ich widersprach: »Nein! Wenn ich meinen Eltern gesagt hätte, ich würde die Ausbildung abbrechen, wären sie sehr traurig gewesen. In unserer Familie wurde nichts abgebrochen. Meinen Eltern ging es darum, uns durch Bildung ein besseres Leben als das Ihrige zu ermöglichen. Also brachte ich meine Berufsausbildung zum Abschluss. Außerdem hatte ich am Ende meiner Referendarzeit ein Schlüsselerlebnis, welches mir zur Lebensdevise wurde. Ich unterrichtete das Fach Arbeit, Wirtschaft und Technik an der Integrierten Gesamtschule Mühlenberg in Hannover. Auf diese Schule gingen viele Kinder von Spätaussiedlern und Wolgadeutschen, also jenen Deutschen, die zunächst sogar in einer autonomen sowjetischen Republik gelebt hatten, von Stalin 1941 der kollektiven Kollaboration mit dem Dritten Reich bezichtigt und nach Sibirien umgesiedelt worden waren. In den siebziger Jahren ermöglichte man ihnen die Umsiedlung in die Bundesrepublik, und ihre Kinder erinnerten mich ein wenig an den kleinen Kaukasus. Ich glaube, dass ich mich ähnlich wie sie gefühlt haben muss, als ich zur Realschule nach Bodenwerder kam und auf einmal in einer Klasse mit Kindern von Ärzten und Unternehmern saß. Die Wolgadeutschen wirkten genauso blass wie Zalesinski, und ihnen allen hätte ein gutes Solebad mit anschließender Kinderlandverschickung gutgetan. Nun saßen sie zwischen Türken, Griechen und den üblichen Verdächtigen, die man die Einheimischen nannte. Einer dieser Spätaussiedler, ich glaube sein Name war Josef Weiss, war von beeindruckender Ruhe. Das heißt, er meldete sich nicht, hörte aber genau zu. Das Thema des Unterrichts war Kupferätzen, und die Schüler sollten die Thematik mehr oder weniger selbstständig bewältigen. Es gab einen theoretischen Teil, in dem die Planung schriftlich mit einem Arbeitsplan fixiert werden sollte. Anschließend folgte der praktische Teil. Jeder musste aus einer kleinen Kupferplatte eine Schale treiben und diese anschließend verzieren. Diese Dekoration wurde dann mit Salzsäure in die Oberfläche eingeätzt. Das konnte gut aussehen, musste aber nicht. Die Gruppe hatte eine Doppelstunde Zeit, um einen Arbeitsplan zu machen und schriftlich niederzulegen. Nach zwei Stunden gaben die Schüler ihre Arbeitspläne ab. Josef Weiss hatte geschrieben: ›Ich iberlege gut und fank an!‹

Der Junge war so schlicht wie genial.

In der Praxis sah es so aus, dass die Gruppe unter seiner Leitung zunächst die Platten zuzuschneiden hatte, nachdem das Material verteilt worden war. Danach begann die Arbeit. Josef benötigte für sein Werkstück etwa eine Dreiviertelstunde und half dann den anderen.

Als es daran ging, die Säurebäder vorzubereiten, war auch er derjenige, der die Verantwortung übernahm und darauf achtete, dass alle die Schutzbrillen und Handschuhe trugen.

Der Unterricht endete pünktlich, und alle Schülerinnen und Schüler hatten ein greifbares Ergebnis. Natürlich von unterschiedlicher Qualität. Der Schüler Josef Weiss hatte mit Abstand das beste Werkstück abgegeben.

In der anschließenden Besprechung stellte sich nun die Frage nach der Bewertung und den Zensuren für die Schüler. Für mich war Josef ein klarer Einserkandidat. Mein Ausbildungsleiter bestand allerdings auf einer Vier, da der theoretische Teil mit ungenügend, also mit sechs, zu bewerten sei. Es lief auf eine Drei hinaus.

Schon zu diesem Zeitpunkt erschien mir unser Bildungssystem als fragwürdig. Die Quintessenz des Josef Weiss wird mir immer in Erinnerung bleiben, denn sie lehrt, dass komplexe Zusammenhänge durchaus schlicht formuliert werden können.

Heutzutage versuchen Unternehmen ihre Führungspersonen mit aufwendigem Coaching und Seminaren zu selbstbewussten und verantwortungsvollen Menschen zu machen. Entscheidungskompetenz, Teamgeist und die ganze Scheiße. Onkel Ulli aus Braunschweig erzählte mir einmal, dass Ignacio López im Wolfsburger Volkswagenwerk einen Mitarbeiterwettbewerb veranstaltet hatte. Es ging darum, die beste Übersetzung von ›just in time‹ im

Sinne der Unternehmensphilosophie abzuliefern. Wissen Sie, wer gewonnen hat?«

»Natürlich nicht? Woher auch?«, meinte mein Gesprächspartner, und ich verriet ihm: »Zwei Bandaffen. Sie übersetzten ›just in time‹ mit ›jetzt im Team‹.

Ignacio López war begeistert.

Und nun stellen Sie sich bitte vor, Sie kommen in die Empfangshalle von VW in Wolfsburg und lesen auf einer weißen Marmortafel die Worte: ›Ich überlege gut und fange an. (Josef Weiss, Wolgadeutscher)‹. Das ist meine Welt. Das ist mein Humor. Das ist der kleine Kaukasus. Verstehen Sie?«

Student 40

»Auch ich überlegte gut und fing an. Während der Lehrerausbildung in Hannover arbeitete ich gleichzeitig an meinen Akkordeonkünsten. Ich stand zu dieser Zeit auf irische
und schottische Musik. Die Initialzündung ereignete sich
während eines Konzertes des schottischen Akkordeon-
profis Phil Cunningham. Ich war so begeistert, dass ich
den Virtuosen ansprach und ihn fragte, wie er seine Ver-
zierungen und Griffe spielte. Phil zeigte mir einige seiner
Standards, und ich ging ins Trainingscamp meiner WG-
Verwandtschaft. Besonders gelitten unter mir haben: Onkel Chris, Onkel Micha, Onkel Berni, Tante Reni, Tante
Monika, Onkel Raffaelo, Tante Christiane und Walli.
Aber so ist das Leben, und es sollte noch munterer werden. Unten im Haus wurde irgendwann eine neue Kneipe
eröffnet: Die Notenkiste. Eine Musikkneipe für alle, die
keine Noten lesen konnten. Sie wurde der Hotspot für
alles, was überhaupt irgendwie mit Folk zu tun hatte. Als
Dietmar und Edel den Laden übernahmen, machte ich
den Fehler und verlieh meine Werkzeugkiste für die Re-
novierungsarbeiten. Als die Kiste zurückkam, nein, als ich
sie mir zurückholte, war bis auf ein paar Schraubenzieher alles im Arsch oder weg. Mit einem Hunni wurde der
Schaden beglichen, doch weil ich mit meiner WG den
Hunni auch gleich in der ›Kiste‹ versenkte, war das der
Beginn einer großen Freundschaft. Die Notenkiste wurde

mein Wohnzimmer. Dass die Folkkneipe ein Treffpunkt
für Iren, Schotten und Musikfreunde war, sprach sich auch
schnell bei den Musikern aus dem Empire herum. Häufig
kamen sie nach ihren Auftritten in der niedersächsischen
Provinz mitten in der Nacht in die ›Kiste‹, um sich ihre
Absacker zu genehmigen und vielleicht noch ein bisschen
zu mucken und Sessions zu spielen. Diese Zeit war der
Hammer. Die Dubliners kamen, Mark Bouzouki, Davy
Spilane, Hamish Imlach, die McCalmans, Ian McIntosh.
In irgendeiner Nacht saß ich neben Phil Cunningham
und spielte mit ihm um die Wette. Um vier Uhr gingen wir schlafen. Kaum lagen wir im Bett, wurden wir
geweckt, weil Finbar Furey unten in der Notenkisten-
Küche seinen Dudelsack stimmte. Niemand rief die Polizei, vielmehr standen wir wieder auf und machten weiter
Musik. In dieser Nacht merkte ich, dass meine Quetsche
allmählich den Geist aufgab. Die Zeit war gekommen,
ein neues Instrument zu kaufen. Ohne Internet und ohne
Google entdeckte ich in der Stadt ein kleines Musikge-
schäft, das auf Akkordeons spezialisiert war. Es gehörte
einem Herrn Werner, der einer großen Musikalienhänd-
lerfamilie entstammte. Ich ging in den Laden und fragte
ihn, ob ich ein paar Instrumente ausprobieren dürfte, was
er selbstredend bejahte. Ich spielte ein paar irische und
schottische Kracher, die ich mir draufgeschafft hatte, und
erntete die Anerkennung des Fachhändlers. Die Arran-
gements dieser Stücke waren klar und schlicht. Entweder
langsam und leise oder schnell und laut. Da saß ich nun,
umringt von ein paar Dutzend Quetschkommoden, und

Klaus Werner fragte mich, ob ich einen Kaffee möchte. Von da ab verbrachte ich jede freie Minute in diesem magischen Laden, und bald stellte sich mir die Frage: Wie soll es weitergehen?«

»Wie alt waren Sie zu diesem Zeitpunkt?«, unterbrach mich mein Gesprächspartner.

»Ich glaube 27 oder so was. Warum?«

»Ich habe manchmal Probleme, Ihnen in der Chronologie zu folgen«, gab er zu bedenken, und ich versuchte ihm klarzumachen, dass die Chronologie manchmal auch in der Gleichzeitigkeit der Ereignisse bestehen kann.

»Zum einen war ich in der zweiten Ausbildungsphase meines Lehramtstudiums, zum anderen war mir das Akkordeon so sehr ans Herz gewachsen, dass ich mir vorstellen konnte, als Musikant meinen Lebensunterhalt zu verdienen. Ich sagte mir: ›Ich überlege gut und fang an.‹ Dann wandte ich mich an Meister Werner: ›Ich brauche jemanden, der mich unterrichtet!‹

Er antwortete sofort: ›Ich kenne jemanden, den du fragen kannst. Er kommt am Nachmittag in den Laden.‹ Ich holte uns Kuchen. Aus Ermangelung eines Messers schnitten wir ihn mit dem Geodreieck auf und hauten rein. Kurze Zeit später betrat ein untersetzter Mann das Geschäft. Er trug einen schwarzen Rollkragenpullover, eine Brille und dunkle Jeans. Klaus hatte ihm vorab von mir erzählt, sodass klar war, worum es ging. ›Aßmus!‹, stellte er sich vor. Er sprach leise.

›Herr Werner hat mir schon von Ihnen erzählt. Sie suchen jemanden, der Sie unterrichtet?‹

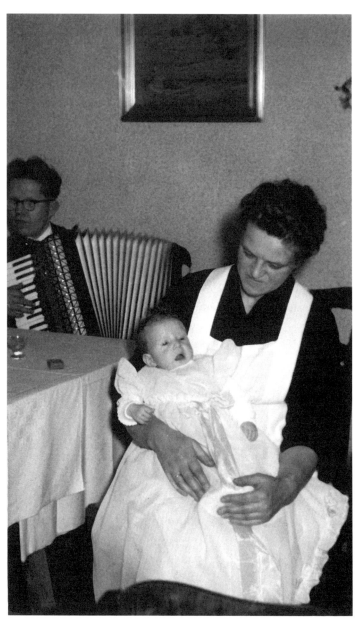

Harmonica in mundo

Dass er mich siezte, empfand ich spontan als positiv. Er bat mich, ihm was vorzuspielen. Ich entschied mich für den *Salamanca Reel*.

Thomas Aßmus hörte genau zu. Als ich die Nummer durchgezogen hatte, schaute er mich lange an und reagierte wie ein Mediziner, den man mit einer seltenen Krankheit konfrontiert hatte. Dann fragte er: ›Haben Sie auch schon mal versucht, schnell und leise zu spielen?‹

Ich wusste, dass er der Richtige war. So blieb ich sein Student, bis ich 30 Jahre alt wurde, obwohl ich mit einem ›Student 40‹ begann. Der eigentliche Weg begann aber schon viel früher.«

Alle gingen

Mein Zuschauer schaute mich schweigend an und sagte: »Meine Frage ist eigentlich immer noch nicht beantwortet. Nun haben Sie mir das alles erzählt und ich weiß, wo Sie herkommen. Aber wo wollen Sie hin?«

»Nirgendwohin. Ich möchte bleiben. Und ich will nicht, dass diese Menschen in Vergessenheit geraten. Wenn meine Schlesier und Bremer vergessen werden, dann sind wir die Nächsten, die vergessen werden. Wir. Also Sie und ich, und niemand wird uns vermissen. Meine Überzeugung ist, dass diese Generation mit ihrer schrecklichen Geschichte eine Zukunft bauen wollte, die diese Vergangenheit bewältigen konnte. Die Kinder, die diese Generation gezeugt hat, wurden zu ihrer Zukunft, unserer Gegenwart, und unsere Gegenwart ist nicht die Schlechteste. Beantwortet das Ihre Frage?«

»Eigentlich nicht. Wo sind sie denn, Ihre Schlesier und Bremer und all die anderen Leute mit den merkwürdigen Namen?«, fragte er mich, und daraufhin sagte ich: »Tot. Die meisten sind tot.«

Er hielt inne und sprach dann mit leiser Stimme: »Das tut mir leid. Das wusste ich nicht.«

»Woher auch? Uns steht derselbe Weg bevor. Ist Ihnen einmal aufgefallen, dass im Laufe des Lebens die Vergangenheit quantitativ zunimmt? Während wir unser Leben leben, machen sich die anderen auf ihren Weg.

Die alten Kapitäne gingen, Omas und Opas gingen, Onkel Johann, Onkel Heinz, Tante Berta, Onkel Wilhelm, Onkel Achim, Onkel Otto, Tante Ingrid, Onkel Rudi, und irgendwann gingen sogar meine ersten Freunde. Das Gehen nimmt kein Ende.

Vater ist als Erster gegangen. Er starb zu Haus. Irgendwann wurde er krank, aber man konnte nicht wirklich feststellen, was er hatte. Vielleicht hat der Granatsplitter über die Jahre sein Werk im Stillen weiterbetrieben.

Als ich ihn zum letzten Mal sah, lag er im Krankenhaus. Er sagte bei der Verabschiedung, dass er sterben würde. Ich hab ihm nicht geglaubt, aber mir kam das Bild wieder in den Sinn, in dem er am Ende des Hauses stand und ich ihn kaum noch sehen konnte, weil er schon so weit weg war.

Nachdem man ihn aus dem Krankenhaus entlassen hatte, machte er noch einen schönen Spaziergang durch das Dorf, auf dem er sich von allen verabschiedete und sich noch einen schönen teuren Sarg aussuchte. Dann setzte er sich auf seine Bank vor unser Langhaus und schlief ein. Ein paar Tage zuvor hatte meine Schwester Almuth einen Sohn bekommen. Als mein Bruder Günther mich anrief, um die Botschaft zu überbringen, sprach er: ›Der Eine ist gegangen, der Andere gekommen.‹

In der Todesanzeige stand ›Der Herrgott sprach das große Amen!‹

Und der Sarg war zu!

Mama und ihre Schwestern haben allesamt ihre Ehemänner überlebt, und nachdem der Letzte von ihnen gestorben war, sagte eine von ihnen: ›So, Schwestern, jetzt sind wir wieder unter uns.‹

Ich habe diese schlesische Endgültigkeit immer geliebt. Mit den Jahren folgten die Frauen ihren Männern. Und so erinnere ich mich daran, wie eine meiner schlesischen Tanten an ihrem Lebensabend vergesslich wurde. Sie konnte sich eigentlich an gar nichts mehr erinnern. Sie erkannte selbst ihre Schwestern und Neffen nicht mehr. Nur Mausi erkannte sie, was allerdings an dieser speziellen Verbindung nach oben lag.

Einmal brachte jemand aus der Familie dieser Tante eine alte Ziehharmonika ins Pflegeheim. Es geschah etwas Eindrucksvolles: Einen Tag lang spielte sie Lieder und Melodien, die sie 60 Jahre zuvor gelernt hatte. Dann starb sie.«

»Und Ihre Geschwister?«, fragte er mich, und ich musste ihm antworten: »Die uns die Liebste war, ging zuerst.«

Er schwieg.

»Sie ging sogar vor unserer Mutter, und die war, bei allem Schmerz, sogar ein wenig erleichtert. Sie hat uns, was unsere Opferbereitschaft anging, nie wirklich getraut. Zumindest was mich anging. So wusste sie, dass ihr Kind nach dem Tod in guten Händen war. Aber wissen Sie, was mir aufgefallen ist?«

»Nein.«

»Dass viele dieser Kinder gar nicht mehr auf die Welt kommen. Es gibt immer weniger von ihnen. Ich mache niemandem einen Vorwurf. Vielleicht liegt es ja auch daran, dass die Welt so schnell geworden ist und wir anstatt

Schallplattenspielern und Musiktruhen nur noch iPods verwenden. Unsere Schwester wäre damit nicht klargekommen.«

»Aber wenn ich Sie richtig verstanden habe, war ihre Mutter ja das ganze Leben für Ihre Schwester da«, sagte er nachdenklich.

»Sie haben Recht. Unsere Mutter hat sie so lange begleitet, bis selbst sie rebellisch wurde.«

»Wer? Ihre Mutter oder Ihre Schwester?«, unterbrach er mich, und ich versuchte, es ihm zu erklären: »Meine Schwester wurde rebellisch. Auch behinderte Menschen werden irgendwann erwachsen und wollen von den Eltern in Ruhe gelassen werden. Das war nun in diesem Fall schwierig, da das Kind nicht hätte selbstständig leben können, aber sie war eine Persönlichkeit und zahlte es meiner Mutter mit ihren Waffen heim.

Stellen Sie sich Folgendes vor: Meine Mutter litt jahrelang an furchtbaren Rückenschmerzen, die sich überwiegend beim Aufstehen bemerkbar machten. Immer wenn sie versuchte, sich aus dem Sessel oder von einem Stuhl zu erheben, gingen ihr die Seufzer über die Lippen. Wenn ich oder die Geschwister bei Mutter und Schwester waren, ergab sich folgende kleine Inszenierung: Meine Mutter erhob sich und biss die Zähne zusammen, weil sie sich keine Blöße geben wollte. Und während sie sich aus dem Sessel quälte, seufzte und stöhnte meine Schwester.

Jeder wusste in diesem Augenblick, dass es meiner Mutter schlecht ging. Die aber quittierte es mit einem kleinen Seitenhieb und fluchte: ›Ach, du alte Hexe!‹

Und die? Die lachte nur! Nachdem meine Mutter einen Schlaganfall erlitten hatte, konnte sie sich nicht mehr richtig um unsere Schwester kümmern. Wir brachten Mausi in einem Pflegeheim in der Nähe unter und besuchten sie dort häufig. Tagsüber war sie in ihrer beschützenden Werkstatt und hatte ihren geregelten Tagesablauf. Dann bekam sie Krebs. Eine OP hätte schwerwiegende Folgen gehabt, und so beschlossen wir, dass sie lediglich eine Schmerztherapie bekommen sollte. In ihren letzten Tagen besuchte ich sie gemeinsam mit Schwester Almuth. Sie saß auf ihrem Bett und war schon sichtlich gezeichnet. Wir unternahmen immer wieder den Versuch, Mausi hübsche Kleidung anzuziehen, aber dann siegte der Pragmatismus, und so saß sie dann eben mit ihrem Jogginganzug in der Welt. An jenem Tag hatte man ihr einen coolen Pullover angezogen. Man erkannte eine Graphik, die einen Freak mit einem Kapuzenpulli darstellte, und darunter prangte der Schriftzug ›Street Guard Department‹.

Es hatte einerseits etwas völlig Groteskes, aber es spielte andererseits auch keine große Rolle mehr.

Almuth umarmte unsere Schwester, und ich machte ein Foto mit meiner kleinen Digitalkamera. Zwei Tage später ist sie gestorben. Schwägerin Ute und Almuth hielten ihre Hände, als sie sich auf den Weg gemacht hat.

Ein paar Tage später übertrug ich die Bilder auf meinen Rechner. Als ich das Aufnahmedatum kontrollierte, lief mir ein Schauer über den Rücken. Das Bild wurde scheinbar am 11. Januar 1749 aufgenommen.«

Irgendwo in Schlesien

*

»Wissen Sie«, fuhr ich fort, »Verrücktheit ist gar nicht so schlecht, wenn man einer Welt entgegentritt, die vorgibt, etwas zu sein, was sie nicht ist. Wir müssen sie verrücken. Verrücken wie ein Möbelstück, hinter dem sich allerhand Staub und Dreck angesammelt hat. Es wird verrückt und wenn auch nur für einen Augenblick. Aber wir sehen es in einem anderen Licht.«

Er schwieg und sagte dann ganz ruhig: »Meine Kindheit war ganz anders.«

»Dann seien Sie doch froh. Ich hätte manchmal gern mit anderen Kindern getauscht«, hielt ich ihm entgegen, und er meinte dann mit einem Lächeln auf den Lippen: »Aber Ihre Kindheit war so lustig. Auf jeden Fall erzählen Sie es so.«

»Wie sollte ich es denn sonst erzählen? Das Zwerchfell ist der beste Ausgangspunkt für einen Gedanken oder eine Geschichte. Seele und Moral neigen dazu, Dinge zu dramatisieren. Lachen hat mir immer geholfen. Vor allem beim Denken. Wenn ich mir einen Gedanken vornehme, versuche ich ihn zum Lachen zu bringen, damit er in Bewegung gerät.«

Ich hätte ihm natürlich sagen können, dass ich das von Walter Benjamin habe, aber ich wollte nicht zu sehr schlaubergern. Und schließlich ist das hier auch keine Doktorarbeit. Also fuhr ich fort: »In dem Jahr, in dem meine Mutter starb, verbrachte ich mit ihr Silvester. Wir hatten zu Abend gesessen und feierten anschließend in der guten Stube, das heißt, wir sahen uns den *Silvesterstadl* mit Andy Borg an. Im ZDF lief zeitgleich eine Gala mit André Rieu. Mama und ich saßen nun vor der Glotze und glotzten. Mutter hatte die Fernbedienung und schaltete alle paar Minuten um. Hier André Rieu, da Andy Borg mit seinen gehirnamputierten Gästen. Einer verlogener als der andere. Dann wieder André Rieu mit seinem dämlichen Orchester und seinem idiotischen Grinsen und dann doch wieder Andy Borg. Auf einmal sagte Mama unverhofft: ›Das ist doch alles Scheiße!‹ Sie stand auf und gab mir die Fernbedienung.

›So. Gute Nacht, mein Junge. Mach dann den Fernseher aus und zieh den Stecker raus.‹ Sprach's und ging schlafen.

Ich zappte mich noch ein bisschen durch die Programme und blieb letztendlich in irgendeiner Spaßsendung mit einigen meiner Kollegen hängen. Humor und Kabarett. Doch nach kurzer Zeit dachte ich mir, bevor ich mich jetzt totlache, geh ich auch schlafen.

Auf dem Schrank standen wie gewohnt Rübezahl und die Porzellanpferde.

›Gute Nacht, meine Lieben‹, sagte ich.

Es war noch nicht einmal 24 Uhr. Ein paar Tage später wurde es ernst. Unsere Mutter verlor ihre Kraft, und es zeichnete sich ab, dass sie allein nicht mehr klarkommen würde. Mein großer Bruder besuchte sie täglich und schaute nach dem Rechten. Wir Geschwister blieben so gut es ging in Kontakt, und so sahen wir, wie das Alter seinen Tribut forderte.

Mit dem Tod unserer Schwester verlor die Mutter ihre letzte große Aufgabe, die sie bis zum Schluss erfüllt hatte, und uns kam es so vor, als ob sie noch ein wenig von ihrem Leben ausruhen wollte, bevor sie sich auf die letzte Reise machen würde. Nach all den Strapazen genoss sie es, allein zu sein, in ihrem Lieblingssessel zu sitzen und guter Dinge zu sein, solange sie keine Hilfe brauchte. Aber am Ende konnte sie nicht mehr und brauchte Hilfe. Sie, die ein ganzes Leben für alle dagewesen war und niemandem zur Last hatte fallen wollen, war nun darauf angewiesen, dass man sich um sie kümmerte. Ihr diese Hilfe zu bieten, war in unserem Langhaus nur bedingt möglich, und wir suchten nach Lösungen. Eines Abends saßen wir alle mit ihr zusammen und besprachen die nächsten Schritte. Meine Mutter wünschte sich, in ein Hospiz zu kommen, um dort zu sterben.

Diesen Wunsch zu erfüllen war schwieriger als gedacht, da sie gesundheitlich zwar am Ende war, aber kein Befund vorlag, der den Tod zwingend erforderte. Es ist eben ein Unterschied, ob man sterben will oder sterben muss. Dennoch bekamen wir einen Platz im Hospiz Mutter Anselma in Friedensthal, und Schwägerin Ute und Schwester Almuth packten für Mamas letzte Reise die Koffer. Am nächsten Morgen saßen wir noch ein letztes Mal gemeinsam in unserer Küche und warteten auf den Krankenwagen, der die Mutter fortbringen sollte. Es war dieselbe Küche, in der ich Bruder Jürgen in den Milchreis gedrückt habe; dieselbe Küche, in der Schwester Geli auf ihrem Stammplatz sitzend ihr in Häppchen geschnittenes Teewurstbrot gegessen hat; dieselbe Küche, in der mein Vater auf seinem Stammplatz den Schinken in dicke Scheiben schnitt, um sie dann in kleine Schinkenwürfel zu schnippeln; dieselbe Küche, in der sich jeder von uns seine Backpfeifen eingefangen hat, wenn es wieder einmal zu nervös zuging. Dieselbe Küche, in der ich gelernt habe, dass ein Leben Ordnung braucht.

Für einen Wimpernschlag schien die Zeit stillzustehen, und vor meinem inneren Auge waren alle wieder da: die Bremer, die Schlesier, die Wolfsburger und der Habicht. Meine Mutter schaute mich an, legte ihre rechte Hand an meine Wange und streichelte mich. An diesem Vormittag wusste ich, dass die Zeit im kleinen Kaukasus endgültig zu Ende war.

Unsere Mutter hatte also beschlossen zu sterben. In der Geborgenheit des Hospiz blühte sie jedoch zunächst einmal wieder auf. Nachdem sie den kleinen Kaukasus hinter sich gelassen hatte, lief sie zu großer Form auf. Sie war bei klarem Verstand, das Essen schmeckte ihr, und abends trank sie gern ein Glas Bier. Sie wurde von wundervollen Menschen betreut, bekam Besuch und hatte einen herrlichen Blick zum Waldrand.

Die Stunden, die ich dort verbrachte, gehören zu den schönsten und eindruckvollsten meines Lebens. In einem Raum stand eine alte Orgel, die es locker mit der Promillo-Orgel hätte aufnehmen können, und als ich das Instrument entdeckte, sagte Schwester Cordula zu mir: ›Spielen Sie ruhig mal was, das kann hier niemandem schaden.‹

Wir alle verbrachten dort so viel Zeit, wie wir konnten. Wir waren traurig, wir waren berührt, und wir waren zuversichtlich. Es gab Situationen, die von so einer hinreißenden Komik waren, dass man sie nie wird vergessen können. Zwischendurch verlor unsere Mutter immer wieder die Geduld. Einmal saß meine Schwester Almuth neben ihrem Bett und sah, wie Mama versuchte zu sterben. Sie schloss die Augen, schlief kurz ein, erwachte und fragte dann ihre Tochter: ›Bin ich schon tot?‹ – ›Nein, Mama. So wie es aussieht nicht.‹ Daraufhin begann Mama zu fluchen: ›Da kommt man her, um zu sterben, und dann geht nichts vorwärts! Das kostet doch alles Geld. Und wenn es draußen dann wieder wärmer wird, muss man auch noch gekühlt werden. Dafür wollen die auch Gebühren.‹

Wir fragten sie, was für Blumen sie denn gerne hätte, und sie antwortete: ›Disteln.‹

Und als wir sie nach einem Sarg fragten: ›Einen hellen.‹

Sie war immer wieder von einer so unbeschreiblichen Klarheit, dass es uns die Sprache verschlug. Es gab sogar Momente, in denen sie auch zornig wurde, weil der Schöpfer es ihr so schwer machte. Die vielen Kinder, der Mann mit seinem Betonmischer, die Nervosität, und auch jetzt ging es nicht so, wie sie sich das vorgestellt hatte. Sie schimpfte darüber, dass mein Vater sein Leben so gut er konnte, genossen hatte.

›Er hatte seinen Spaß, ich hatte die Arbeit! Und dann setzt er sich hin und stirbt. Einfach so. Und ich? Ich liege hier rum und nix passiert!‹

Nach vier Wochen musste nun entschieden werden, wie es weitergehen sollte. Es sah so aus, als ob unsere Mutter die Erste sein könnte, die das Hospiz im aufrechten Gang verlässt. Dennoch war sie ein Pflegefall, und wir begannen wieder nach einer Lösung zu suchen. Wir kontaktierten Pflegedienste und fanden etwas Passendes. Für Pflege und Betreuung rund um die Uhr wäre jemand in unser Langhaus gezogen. Außerdem wären Schwägerin Ute und Schwester Almuth für Mama dagewesen. Aber dazu kam es nicht mehr.

Nachdem sich bei unserer Mutter eine Frau vorgestellt hatte, die für die Pflege in Frage gekommen wäre, wurde es ernst. Ich glaube, die Vorstellung, im eigenen Haus, egal wie klug es nun gebaut war, nicht mehr das Sagen zu haben, hat den Ausschlag gegeben. Mama wollte nicht mehr zurück, und so verlor sie schon am nächsten Tag den Appetit, und anstatt sich mit ihren Besuchern zu unterhalten, verschlief sie die Stunden. Wir alle wussten, dass sie nun sehr bald sterben würde. Es gab noch ein paar kurze Momente, in denen sie die Augen öffnete, aber es sollten die letzten gewesen sein. Wir alle hatten Gelegenheit, uns von ihr zu verabschieden.

Mein großes Glück war, dass ich den Menschen, der mich auf diese Welt gebracht hat, begleiten durfte, als er eben diese verließ. Als der Körper ihre Seele nicht mehr festhalten konnte, hatten wir alle unseren Frieden gemacht. Mama und ich hatten es nicht leicht miteinander. Bis zum Schluss gab es für sie eine klare Verabredung. Ich bin von zu Hause fortgegangen, also lag es auch immer an mir zurückzukommen.

Meine Mutter hat mich, seit ich von zu Hause weg war, genau zweimal besucht.

›Du weißt ja, wo du mich findest‹, sagte sie einmal zu mir. Und das wusste ich auch.«

Schlaues zum Schluss

Mittlerweile ging es auf zehn Uhr zu und es wurde Zeit, sich hinzulegen. Am Abend hatte ich wieder Vorstellung. Und ich wusste, dass unsere kleine Reise zu Ende war, dennoch wollte ich noch einen letzten Gedanken loswerden und sagte: »Auf ein Wort Kamerad: Wenn die Engel des Todes all den nichtigen Müll, den wir unsere Geschichte nennen, aus den Räumen unseres Geistes hinausgeschafft haben; wenn alle Sterne unserer Ideale, mit denen wir selber aus eigener Anmaßung den Himmel unserer Existenz drapiert haben, verblüht und erloschen sind; wenn der Tod eine ungeheuerlich schweigende Leere errichtet hat und wir diese glaubend und hoffend als unser wahres Wesen schweigend angenommen haben; und wenn sich dann in einem ungeheuren Schrecken eines unsagbaren Jubels zeigt, dass diese ungeheure schweigende Leere in Wahrheit erfüllt ist von dem Urgeheimnis, das wir Gott nennen; und wenn sich dann auch noch aus diesem wesenlosen Geheimnis das Antlitz Jesu, des Gebenedeiten, erscheint und uns anblickt; dann, dann so ungefähr, möchte ich eigentlich nicht beschreiben, was kommt, aber doch stammelnd andeuten, wie einer vorläufig das Kommende erwarten kann, in dem er den Untergang des Todes selber schon als Aufgang dessen erfährt, was kommt. Für jeden aber ist die Lebenszeit, die ihm zugemessen ist, der kurze Augenblick, in dem wird, was sein soll.«

»Ist das von Ihnen?«, fragte er, nachdem ihm klar wurde, was ich gesagt hatte, und ich antwortete: »Nein. Es ist ein Zitat von Karl Rahner. Kennen Sie Karl Rahner?«

Er verneinte, und so erklärte ich ihm: »Er war einer der Architekten des Zweiten Vatikanischen Konzils. Er vertrat die Meinung, dass die Kirche auf die Menschen zugehen soll und nicht umgekehrt. Er wurde von unserem aktuellen Papst und dessen Vorgänger weggebissen.«

»Lohnt es sich, mehr von ihm zu lesen?«, wollte er wissen, und ich sagte: »Unbedingt, aber eigentlich dürften Sie mich das gar nicht fragen. Ich hatte Glück, schaltete zum richtigen Zeitpunkt das Radio ein und durfte diese Worte hören. Ich selber lese kaum Bücher. Ich bin eher ein akustischer Typ! Lieber Comics. Klickeradomms! Verstehen Sie?«

Als ich im Begriff war zu gehen, fragte er mich noch: »Ach, übrigens, was ist denn aus Nacku Nacku geworden?«

»Gute Frage. Entweder er liegt in der Küche in der Eckbank oder im Pappkarton auf dem Teewagen in Vaters Büro.«

© 2011 WortArtisten GmbH, Köln
3. Auflage 2013

Projektkoordination: Judith Ngo
Lektorat: Rolf Cyriaks
Druck und Bindung: CPI books GmbH, Ulm
Layout und Satz: Friedemann Weise, inbeige
Umschlaggestaltung: Friedemann Weise, inbeige
Umschlagabbildung: © Janine Guldener
Abbildung Seite 195: © Gerda Goedhart / Suhrkamp Verlag

Alle Rechte vorbehalten. All rights reserved.
Das Werk darf – auch teilweise – nur mit Genehmigung
des Verlages wiedergegeben werden.

Printed in Germany
ISBN: 978-3-942454-09-4